SOUVERAINETÉ ÉCONOMIQUE

Analyse et stratégies

Louis-Samuel PILCER

SOUVERAINETÉ ÉCONOMIQUE

Analyse et stratégies

Préface de **Bernard ATTALI**

ECONOMICA
49, rue Héricart, 75015 Paris

Sommaire

Préface

Les chemins de la souveraineté

Louis-Samuel Pilcer est un brillant ingénieur, aujourd'hui dans le secteur public où il entame une belle carrière. Comme son livre le montre, la défense du « bien commun » est pour lui une valeur essentielle. Et la sécurité du pays en fait évidemment partie. En réfléchissant sur ce que devrait être les chemins de la souveraineté Louis-Samuel fait ici œuvre utile.

Toute mon expérience personnelle – à la tête de la Datar ou d'Air France, ainsi qu'au conseil d'administration de grandes entreprises – rejoint ses analyses. Plongé dans le grand bain de la mondialisation, notre pays s'est mal préparé aux orages. Les crises financières, la pandémie, la menace climatique, l'inflation, la guerre… nous n'avons pas correctement anticipé tous ces chocs. La croissance économique nous a endormi. De sorte que, sortis brutalement de notre confort, il faut maintenant nous adapter rapidement et sans naïveté à un monde devenu violent.

Cela étant, Louis-Samuel Pilcer ne tombe pas dans le piège : souveraineté n'est pas synonyme de souverainisme.

Que nous dit-il, surtout ? Qu'il faut réapprendre à réfléchir à long terme. Les médias comme les nouvelles technologies nous ont poussé à sacrifier l'important à l'urgent. Nous devons réapprendre à penser l'avenir pour corriger l'action dans le présent. C'est-à-dire réhabiliter la planification. Un navire dans la tempête doit garder fermement son cap. Dans les années 70 c'est en étudiant à long terme les « scénarios de l'inacceptable » que la Datar a mis en place une politique volontaire de cohésion territoriale qui fut, je crois, efficace. Et que l'on a depuis délaissé, hélas.

Deuxième leçon : il faut « réarmer » l'État comme les entreprises pour les aider à se protéger des nouvelles menaces. Par exemple celles qui touchent la cyber sécurité, aussi bien civile que militaire. Cela veut dire notamment un effort important de relocalisation en France de nos activités stratégiques. Et encourager le tissu de start-up dans tous les domaines clés.

Troisième leçon, que j'ajoute à celles du livre : renforcer l'indispensable cohésion sociale sans laquelle il n'y a pas de Nation solide. La montée des inégalités, le trouble des classes moyennes, un excessif endettement menacent les fondements même de notre société. Si nous ne nous mobilisons pas pour y faire face, ensemble, si nous nous laissons aller à l'individualisme et au déclinisme ambiant nous ne serons pas à la hauteur de notre responsabilité majeure : laisser à nos enfants une France plus solide dans un monde plus serein.

La notion de souveraineté est aujourd'hui rabâchée par les politiques et les médias. Il était temps qu'un ouvrage clair et engagé nous précise les chemins et les efforts à faire pour sortir de nos vulnérabilités. Ce livre y contribue grandement.

Bernard ATTALI

Président d'honneur d'Air France
Essayiste et conseil

Chapitre 1

Le caractère stratégique des activités industrielles

Le 14 février 2003, le ministre français des Affaires étrangères Dominique de Villepin intervient au Conseil de Sécurité des Nations Unies pour s'opposer à l'intervention militaire que les États-Unis souhaitent mener en Irak. Afin de sanctionner leur allié pour cet acte d'insoumission, les États-Unis décident de suspendre toute coopération militaire avec la France. Si la quasi-totalité de l'armement utilisé par les armées françaises est à l'époque fabriquée en Europe, le système de catapultage du porte-avions *Charles de Gaulle*, pièce clé d'un porte-avions et très complexe du point de vue technologique, est produit par un industriel américain.

Les sanctions américaines mettent l'armée française en grande difficulté et risquent d'immobiliser le *Charles de Gaulle* dont la maintenance repose fortement sur les importations américaines. Le chef d'État-major des armées de l'époque, Henri Bentégeat, admet aujourd'hui que la situation critique dans laquelle l'embargo américain a mis les armées françaises à l'époque l'a poussé à recommander à Jacques Chirac d'envoyer les forces spéciales françaises en Afghanistan, afin de donner des gages à Washington et d'obtenir en 2005 une levée de ces sanctions[1].

Le Général de Gaulle disait que sans indépendance économique, il n'y a pas d'indépendance tout court. Pour maîtriser son destin, une nation doit être capable de produire elle-même un certain nombre de biens et services essentiels. Si la France est dépendante en matière d'armement, de médicaments, de produits alimentaires, d'énergie, elle prête le flanc à des États étrangers qui pourraient, selon leur propre intérêt et agenda, lui imposer leur volonté ou prioriser leurs besoins nationaux en cas de crise. Les multiples pénuries qu'ont constaté les Français pendant la crise sanitaire du covid-19 le rappellent une fois de plus : le déclin de l'industrie française depuis 40 ans a rendu la France dépendante, et a privé les Français de la maîtrise de leur destin. La reconquête de la souveraineté nationale face aux empires chinois et américain doit passer par la protection de nos filières stratégiques.

1. https://www.marianne.net/politique/petite-histoire-de-la-grandissante-emprise-des-etats-unis-sur-notre-armement-militaire

La prise en compte de l'importance stratégique de certaines activités est indispensable pour les décideurs politiques ; pourtant, ce sujet est très peu traité par la littérature économique qui préfère se concentrer sur les prétendus bienfaits du libre-échange, souvent par parti pris idéologique. Commençons donc par définir la notion de souveraineté industrielle et les activités qu'il convient de protéger pour garantir l'indépendance nationale.

Section 1.1 – Les activités économiques stratégiques

En 2005, la presse faisait état de rumeurs concernant une possible opération publique d'achat (OPA) de Pepsi sur la multinationale française de l'industrie alimentaire Danone, présente dans le secteur des produits laitiers, de la nutrition spécialisée et médicale, et de l'eau minérale notamment avec les eaux Evian. Deux ans après le rachat de Pechiney par le Canadien Alcan qui s'était traduit par des fermetures d'usines, les syndicats et la classe politique s'émeuvent du potentiel rachat du groupe Danone, qui fait vivre des milliers de petits producteurs laitiers en achetant des quantités importantes de lait français. Le Premier ministre Dominique de Villepin a rapidement pris position pour indiquer que cette OPA serait refusée par l'État, précisant qu'il « *entendait défendre les intérêts de la France* ».

Nous ne discuterons pas du caractère stratégique ou non de Danone, mais il est clair que cette prise de position a donné lieu à de vives critiques en France et à l'étranger. En octobre 2020, l'hebdomadaire britannique *The Economist,* constatant un regain d'intérêt des décideurs européens pour la notion d'autonomie stratégique, intitulait un article « The revenge of strategic yoghurt » pour insinuer que l'indépendance stratégique, comprise au sens français, consistait à défendre des entreprises sans intérêt stratégique (des fabricants de yaourts) pour des questions de politique politicienne[2].

La reconquête de notre souveraineté industrielle doit s'appuyer sur une doctrine partant d'une définition claire des activités économiques qu'il convient de protéger en raison de leur contribution à l'indépendance nationale.

La dimension industrielle de la souveraineté nationale

Le juriste Louis Le Fur définissait la souveraineté comme « *la qualité de l'État de n'être obligé ou déterminé que par sa propre volonté conformément au but collectif qu'il est appelé à réaliser* ». Un peuple est souverain lorsqu'il peut décider lui-même, librement, de son destin. Il s'agit d'être maître chez soi, de résister aux attaques extérieures et aux tentatives de déstabilisation internes, et de choisir avec qui coopérer.

On n'est pas souverain quand un pays tiers peut nous contraindre à lui obéir, par exemple par la menace de l'invasion (souveraineté militaire), d'une

2. https://www.economist.com/europe/2020/10/03/the-revenge-of-strategic-yogurt

rupture d'approvisionnement en gaz ou en pétrole (souveraineté énergétique), en médicaments ou en vaccins (souveraineté sanitaire) ou une coupure de l'accès à internet ou à des plateformes numériques indispensables pour la vie quotidienne (souveraineté numérique).

On n'est pas souverain non plus quand une crise ou les décisions d'un État tiers peuvent avoir un impact dramatique sur des milliers de nos concitoyens, par exemple lorsque le confinement en Chine s'est traduit par des ruptures de stocks de produits essentiels partout en France et en Europe.

Chacune de ces dimensions de la souveraineté a un aspect industriel : pour maîtriser son destin, il faut maîtriser son approvisionnement en matière d'armement, de médicaments, de produits alimentaires, d'énergie. Il apparaît donc nécessaire de produire soi-même un certain nombre de biens et services essentiels.

La définition du Haut-Commissariat au Plan

À la suite de sa création, le Haut-Commissariat au Plan a publié le 18 décembre 2020 une note d'ouverture intitulée « Produits vitaux et secteurs stratégiques : Comment garantir notre indépendance ? ». Le Haut-Commissaire au Plan François Bayrou reprend ces constats et indique qu'une nation souveraine doit maîtriser la chaîne de valeur d'une série de produits vitaux.

> *Un pays comme la France ne peut pas se trouver brutalement exposé à des pénuries de produits vitaux. Nous avons découvert que se trouvaient mis en cause les approvisionnements en médicaments essentiels aux traitements et à la santé de nos compatriotes, des dispositifs indispensables à la lutte contre l'épidémie, comme les masques, des équipements nécessaires aux soignants, comme les gants et les capes. Nous avons vérifié que les stocks n'existaient pas ou n'étaient pas suffisants.*
>
> *Mais ce risque peut être avéré aussi pour d'autres produits indispensables au monde agricole, au monde industriel ou à notre vie en société. Ces risques de pénurie révèlent la dépendance de notre pays à des chaînes de production lointaines, dépendant de décisions sur lesquelles nous n'avons aucune prise. Lorsqu'il s'agit de produits de consommation classiques, ces pénuries sont gênantes mais gérables. Lorsqu'il s'agit au contraire de produits vitaux, de tels risques sont inacceptables.*
>
> François Bayrou, Haut-Commissaire au Plan

Le Haut-Commissariat au Plan indique également que le caractère stratégique des secteurs économiques doit être apprécié de façon sélective : « *Si tout est stratégique, plus rien n'est stratégique. Est stratégique ce qui assure la sécurité ou la continuité de la vie de la Nation en cas de crise brutale* ». Cette définition implique que les activités des secteurs de la défense, de la cybersécurité, de l'eau, de l'énergie, des télécommunications, de la santé ou de l'agroalimentaire sont stratégiques.

La note complète : « *est également stratégique ce qui assure la souveraineté de la Nation au regard des objectifs prioritaires qu'elle se fixe* ». Si le peuple français décide que la transition écologique est un objectif prioritaire, la France doit disposer d'une base industrielle solide pour produire panneaux solaires, éoliennes, véhicules électriques et chaudières nécessaires pour réaliser une transition bas-carbone. Sans cela, la France pourrait être empêchée d'atteindre des objectifs de bifurcation écologique décidés démocratiquement.

Certaines activités – la production de yaourts par Danone par exemple – sont également stratégiques en raison des répercussions que pourrait avoir une cessation d'activité sur la vie de la nation. En Allemagne, l'industrie automobile représentait en 2016 13 % du PIB, 20 % des exportations et 14 % des emplois industriels. Il est logique que l'Allemagne considère ce secteur comme stratégique : des droits de douane sur les importations de véhicules par la Chine ou les États-Unis auraient un impact significatif sur le pouvoir d'achat de centaines de milliers d'Allemands. Le Haut-Commissariat au Plan prend ce critère en considération : « *Il existe en effet des secteurs dont le poids est si significatif dans notre économie que leur déstabilisation a un impact massif sur notre économie et nos équilibres globaux : l'aéronautique civile par exemple. Ces activités sont donc importantes en ce que leur incidence sur l'économie nationale est telle, notamment par le nombre d'emplois qu'elles représentent, que leur fragilisation emporte des conséquences de dimension "macroéconomique" sur la Nation.* »

Enfin, notons que les intrants critiques pour produire des biens et services essentiels d'un de ces 3 points de vue sont également critiques. La production de panneaux solaires est stratégique, mais la production des cellules photovoltaïques qui entrent dans ces panneaux l'est aussi, ainsi que la production du silicium qui compose ces cellules. Une politique de souveraineté doit permettre de renforcer toute la chaîne de valeur dont dépendent ces activités critiques pour l'indépendance nationale.

Résumons les critères qui définissent une entreprise stratégique :

- Certains biens et services sont essentiels pour ***assurer la sécurité ou la continuité de la vie de la nation en cas de crise brutale***.
- D'autres sont stratégiques car ***indispensables pour permettre à la Nation d'atteindre les objectifs prioritaires qu'elle s'est fixée*** (transition écologique, accompagnement du grand âge…).
- D'autres sont stratégiques en raison des ***répercussions qu'aurait leur perturbation sur l'économie nationale***.

Approche par cercles concentriques

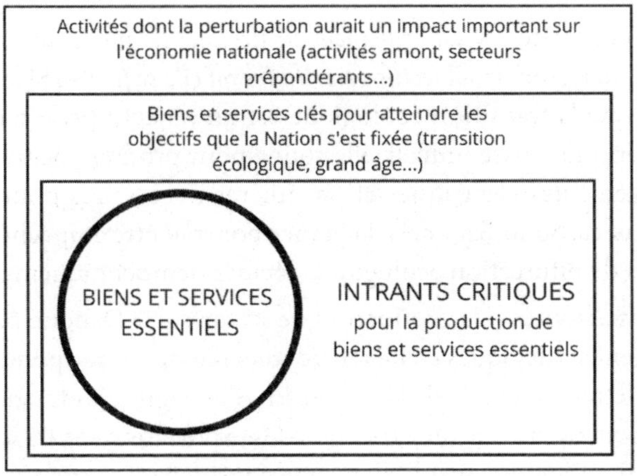

Caractère stratégique et niveau de dépendance : quelles activités protéger, quelles activités relocaliser ?

Deux critères distincts qui doivent être considérés pour déterminer la politique à adopter vis-à-vis d'une activité : d'une part, l'importance stratégique de l'activité, d'autre part, le degré de dépendance vis-à-vis de celle-ci. Une activité peut être hautement stratégique mais, dans le meilleur des cas, être exercée par un grand nombre d'acteurs français, avec une filière résiliente et une faible dépendance aux importations. À l'inverse, une activité peut faire l'objet d'une forte dépendance aux importations mais être d'un intérêt stratégique très limité. Si des actions peuvent être prônées pour d'autres considérations (emploi, balance commerciale, réduction des émissions de gaz à effet de serre), celles-ci n'entrent pas dans le périmètre de la politique de souveraineté industrielle.

Sur d'autres secteurs, on observe à la fois une dépendance aux importations et un caractère stratégique majeur. Deux scénarios peuvent se présenter, qui donnent lieu à des recommandations différentes :

- **Relocalisations.** L'activité n'est pas ou plus réalisée en France : celle-ci doit être relocalisée si c'est possible, une stratégie de diversification des approvisionnements et de constitution de stocks stratégiques doit être définie et pilotée le cas contraire.
- **Sécurité économique.** L'activité est réalisée en France, par un nombre faible d'entreprises : ces entreprises doivent être protégées contre les rachats étrangers et contre les déstabilisations qui peuvent notamment passer par l'application extraterritoriale du droit de certains États ou par des manœuvres déstabilisatrices de concurrents.

Framework : Quelle politique de souveraineté industrielle sur une activité ?

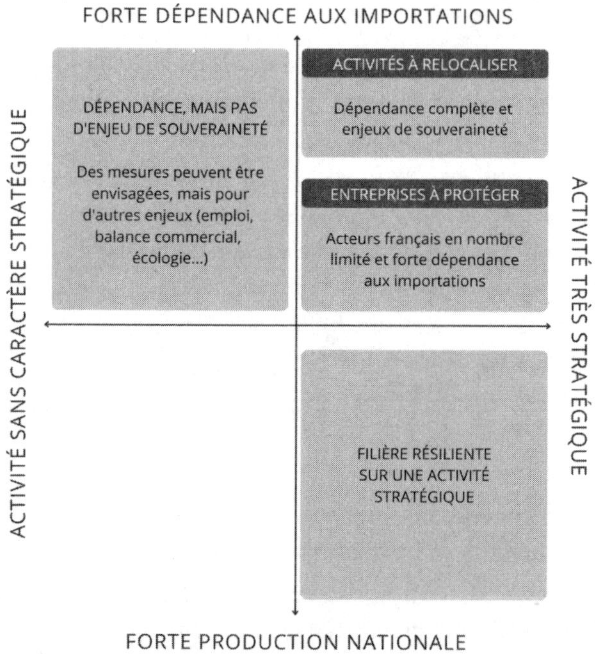

Section 1.2 – Les justifications économiques du protectionnisme

Ces préconisations portant sur la défense et la reconstruction de chaînes de valeur nationales sur les produits les plus critiques semblent aller à l'encontre des théories que défendent depuis des siècles les économistes libéraux. Si les ouvrages d'Adam Smith et de Ricardo concernant l'intérêt du commerce international ont inspiré des générations de décideurs, la littérature économique sur les inconvénients du libre-échange est également très dense et remet en cause les thèses simplistes qui ont pu être portées au XVIIIe et au XIXe siècle.

Les avantages comparatifs : La spécialisation sectorielle des nations, facteur de création de richesse ?

En 1776, l'économiste écossais Adam Smith publie ses *Recherches sur la nature et les causes de la richesse des nations.* Il y formule notamment la théorie des *avantages absolus*, selon laquelle il n'est pas pertinent de tout produire au niveau national, car la spécialisation des nations sur les activités sur lesquelles elles sont les meilleures permet des gains de productivité et un accroissement de leur richesse : « *Si un pays étranger peut nous fournir une marchandise à meilleur marché que nous sommes en état de l'établir nous-mêmes, il vaut bien mieux que nous lui achetions avec quelque partie du produit de notre industrie, employée dans le genre dans lequel nous avons quelque avantage »*[3].

Quelques décennies plus tard, l'économiste britannique David Ricardo publie les *Principes de l'économie politique et de l'impôt*, dans lesquels il formule la théorie des *avantages comparatifs* qui offre les bases théoriques justifiant l'intérêt de politiques de libre-échange.

Pour illustrer la théorie de Ricardo, imaginons qu'il n'y ait que les États-Unis et la France, et que l'économie se résume à la production de sacs à main et de missiles. Ci-dessous, le nombre de travailleurs que mobilise la production d'un sac à main et d'un missile en France et aux États-Unis. Imaginons que les habitants de la France et des États-Unis disposent tous deux de 1 000 travailleurs.

	Sac à main (nombre de travailleurs par unité)	**Missile (nombre de travailleurs par unité)**
France	10	200
États-Unis	5	50

Si la France souhaitait tout produire elle-même, elle pourrait au maximum fabriquer 5 missiles ou 100 sacs à main. Les États-Unis, quant à eux, pourraient fabriquer 20 missiles ou 200 sacs à main avec le même nombre d'habitants. La France n'a pas d'*avantage absolu* sur l'un de ces produits : les États-Unis sont plus productifs, pour chacun de ces deux produits.

Pourtant, la France a un *avantage comparatif* sur la production de sacs à main : la production d'un missile emploie le même nombre de travailleurs que 10 sacs à main aux États-Unis, contre 20 en France. Si la France devait produire un missile de moins pour consacrer du temps de ses travailleurs à la fabrication de sacs à main, cela permettrait de produire 20 sacs à main de plus. Les États-Unis, en parallèle, pourraient fabriquer un missile de plus en détournant de la production de sacs à main 50 de leurs travailleurs, qui auraient le cas contraire fabriqué 10 sacs.

La France pourrait ainsi vendre 15 sacs à main aux États-Unis contre un missile, et leur proposer de mobiliser leurs travailleurs sur la fabrication de missiles de façon à produire 10 sacs à main de moins et un missile de plus. L'opération illustrée ci-dessous démontre qu'en vertu des avantages comparatifs que peut avoir une économie par rapport à une autre, le commerce international permet de créer de la valeur. Les deux pays sont plus riches grâce au commerce qu'en situation d'autarcie.

3. Pour en savoir plus sur les différentes théories du commerce international : *La macroéconomie enfin comprise*, Louis-Samuel Pilcer, Michel Ruimy, Jérémie Smadja, Ellipses, 2022.

Illustration des avantages comparatifs

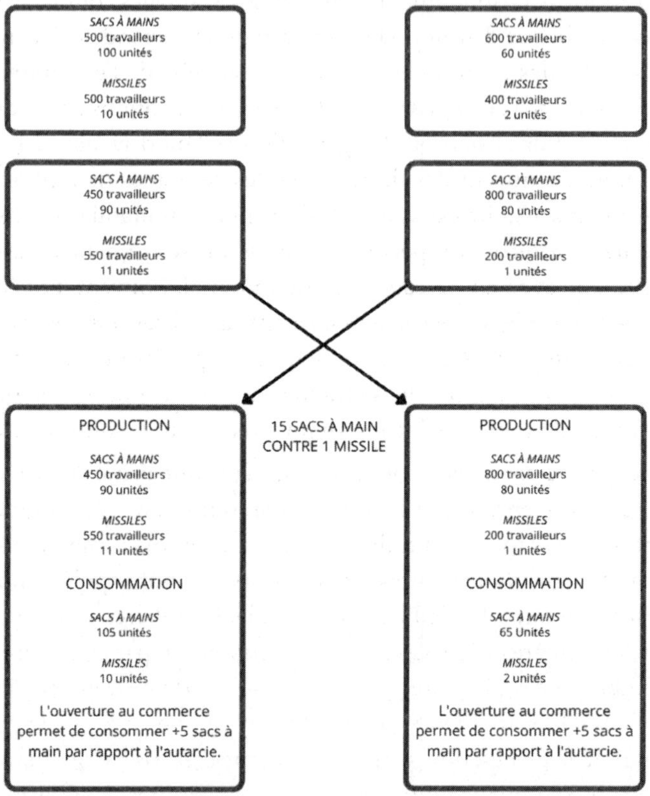

Poussé à l'extrême, ce raisonnement conduit les nations à se spécialiser sur les activités sur lesquelles elles disposent d'un avantage comparatif en vertu de leurs ressources. Schématiquement, ces théories ont poussé les pays asiatiques à se spécialiser sur les secteurs qui mobilisent de la main-d'œuvre bon marché, comme le textile, et les pays européens à se spécialiser qui requièrent de la main-d'œuvre qualifiée notamment dans le domaine des services.

Cette spécialisation a néanmoins des limites, que nous explorerons plus loin. Pour revenir sur l'exemple ci-dessus, en se spécialisant sur la production de sacs à mains, la France peut devenir incapable de fabriquer ses propres missiles, ce qui poserait des problèmes évidents en cas de conflit. Par ailleurs, la spécialisation des nations européennes sur les activités impliquant de la main-d'œuvre qualifiée s'est traduite par une forte hausse des inégalités dans les nations occidentales. Cette spécialisation peut également se faire au détriment de l'environnement : la délocalisation en Asie de nombreuses activités polluantes a fortement augmenté les émissions de gaz à effet de serre et privé les nations occidentales de leur capacité d'action en matière environnementale.

Un protectionnisme nécessaire pour structurer les filières d'avenir

Tout d'abord, le raisonnement ricardien des avantages comparatifs ne s'applique pas aux filières d'avenir. De nombreux secteurs industriels présentent ce qu'on appelle des économies d'échelle, à l'échelle de l'entreprise ou de la filière. À l'échelle de l'entreprise, ces effets sont bien connus des économistes. La construction d'une usine, qu'il s'agisse d'un secteur d'avenir ou d'un secteur mature, implique souvent des dizaines ou des centaines de millions d'euros d'investissements. Ces investissements doivent être rentabilisés dans la durée, et l'usine ne peut être compétitive vis-à-vis de ses concurrents étrangers ou nationaux qu'avec un niveau de vente minimal. Souvent, ces économies d'échelle correspondent à des investissements à réaliser pour mettre en place l'usine ou l'activité : R&D, achat des machines de production, construction de l'usine. Ces économies d'échelle se traduisent par un coût moyen qui décroît quand le niveau de ventes de l'usine augmente, comme modélisé ci-dessous.

Concrètement, si une entreprise investit dans une usine de production de chaussures, la mise en place de l'usine va représenter un investissement initial important, par exemple d'un million d'euros. Une fois l'usine constituée, la production des chaussures représente toujours un coût supplémentaire, mais celui-ci est beaucoup plus faible. Par exemple, les salaires des travailleurs et les matières premières nécessaires peuvent coûter 2 € par chaussure. Aussi, si l'usine produit une seule paire de chaussures, le coût moyen associé est d'un peu plus d'un million d'euros. Si elle produit un million de paires de chaussures, le coût total de la production sera de 3 millions d'euros, ce qui représente un coût moyen de 3 € pour produire une paire de chaussures. Plus l'usine produit, plus elle est compétitive.

Économies d'échelle à l'échelle de l'entreprise

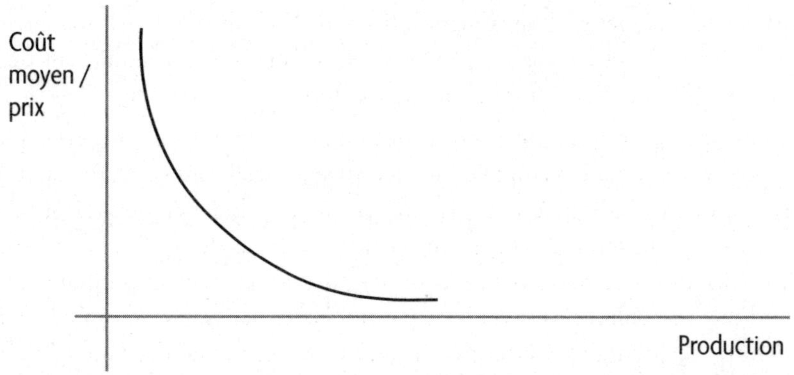

Des économies d'échelle peuvent également intervenir à l'échelle d'une filière industrielle. Imaginons par exemple que la France ne dispose d'aucune entreprise spécialiste de la production de semi-conducteurs de pointe. La première entreprise française à essayer de développer une puce devra ainsi s'appuyer sur des recherches menées dans des universités américaines ou chinoises. Elle peinera à former ses collaborateurs, à rattraper son retard en termes de savoir-faire. Cela représente un coût conséquent, qui doit être pris en compte dans ses tarifs et affaiblit la compétitivité de ses produits à l'export.

Mais une fois que quelques entreprises se seront structurées, qu'un leader français du domaine aura émergé, les entreprises qui souhaiteront se développer par la suite pourront bénéficier d'effets d'écosystème. Les collaborateurs de l'entreprise leader en question pourront aller travailler pour les concurrents, ou développer leur propre entreprise sur la base du savoir-faire qu'ils auront acquis. Les entreprises du secteur pourront organiser des colloques afin de partager leur expérience et de chercher collectivement des solutions pour lever certains verrous technologiques importants pour leur activité, ou pour réduire leurs coûts de production, financer des centres de formation pour disposer des compétences de pointe dont elles ont besoin. Sur certaines filières, les entreprises peuvent même se structurer en *cluster* afin de mutualiser certaines ressources et de garantir la proximité entre leurs sites de production, des universités ou centres de formation d'excellence dans leur domaine, et un bassin d'emploi suffisamment dense vis-à-vis des compétences nécessaires.

Ces économies d'échelle au niveau de la filière correspondent ainsi à ce que les économistes appellent des *externalités* : l'activité d'une entreprise génère des bénéfices pour les autres acteurs de la filière. Imaginons que vous travaillez dans une brasserie, et qu'un théâtre s'installe en face de votre établissement. De nombreux couples ou familles venant assister aux pièces de 20 h 30 devront trouver un restaurant pour dîner rapidement avant le spectacle ; au bout de quelques mois, vous vous rendez compte que votre restaurant est systématiquement plein de 19 à 20 heures. Vos recettes augmentent fortement, par exemple à hauteur de 10 000 € par mois. Ce sont des *externalités positives* associées à l'activité du théâtre : la vente de billets par ce théâtre affecte à la fois le consommateur – qui paye, et passe un bon moment en échange –, le producteur – qui opère la pièce et est rémunéré pour cela –, mais également d'autres acteurs économiques, notamment votre brasserie, à laquelle le théâtre apporte de nouveaux clients sans qu'elle ait à payer pour cela.

Les externalités positives peuvent justifier que l'État, ou les acteurs économiques concernés par les externalités, subventionne l'activité concernée pour que le niveau de production de celle-ci prenne en compte non seulement les besoins des consommateurs, mais aussi les effets externes sur les autres personnes ou entreprises. Imaginons que vous appreniez par la presse que le théâtre risque de fermer à cause de difficultés financières. La fermeture du théâtre se traduirait par une baisse de votre chiffre d'affaires, et vous pourriez vous rapprocher du gérant du théâtre pour lui proposer de le soutenir financièrement afin de lui éviter la faillite, par exemple en lui donnant la moitié des 10 000 € par mois que vous tirez de son activité.

La théorie économique recommande ainsi que les activités sur lesquelles des externalités positives sont identifiées puissent bénéficier de subventions. Dans cette logique, les activités économiques qui connaissent des économies d'échelle au niveau de la filière doivent être soutenues afin de permettre une prise en compte de l'impact de l'existence des entreprises concernées et de leur développement sur la structuration d'une filière nationale.

Modélisation, économies d'échelle au niveau de la filière

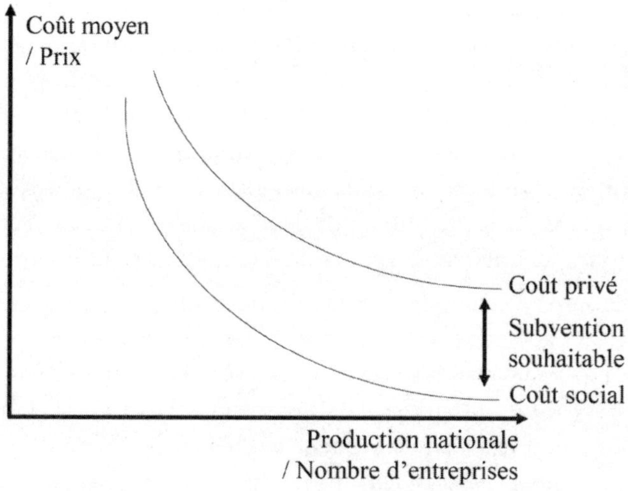

Une façon alternative de soutenir les filières concernées consiste à les protéger de la concurrence étrangère en attendant qu'elles soient suffisamment matures pour attaquer des marchés à l'export. En effet, pour la plupart de ces activités, le coût associé au développement d'un premier acteur *leader* du domaine est conséquent. Ce premier acteur a alors besoin – sinon de subventions – de la garantie de débouchés sur le marché national. Cette situation peut être modélisée par le graphique ci-dessous, qui correspond à un secteur sur lequel la Chine dispose de filières fortes et exportatrices alors que la France n'a pas encore d'acteur national. La maturité des filières chinoises, dont la courbe de coût apparaît en pointillés sur le graphique, permet d'atteindre un prix très compétitif P_{CH}. La courbe d'offre française correspond au prix que peuvent accepter les entreprises françaises, en fonction de la production nationale.

Les entreprises françaises sont incapables d'entrer sur ce marché, bloquées par le faible prix proposé par leurs compétiteurs chinois. En revanche, si le gouvernement décide de mettre en place des mesures protectionnistes afin de permettre à l'industrie de se structurer, elles peuvent exploiter leurs débouchés sur le marché français et atteindre le prix P_{FR} qui correspond à une situation dans laquelle la demande nationale est réservée aux producteurs français. Le protectionnisme permet à l'industrie française de se structurer et de réaliser ces économies d'échelle au niveau de la filière, nécessaires pour lui permettre d'opérer à son plein potentiel. Une fois que l'industrie s'est structurée, la France peut ouvrir son marché aux importations sans pour autant menacer la survie de sa filière, qui pourra continuer à approvisionner le marché national et exporter de façon compétitive.

Modèle du « protectionnisme éducateur »

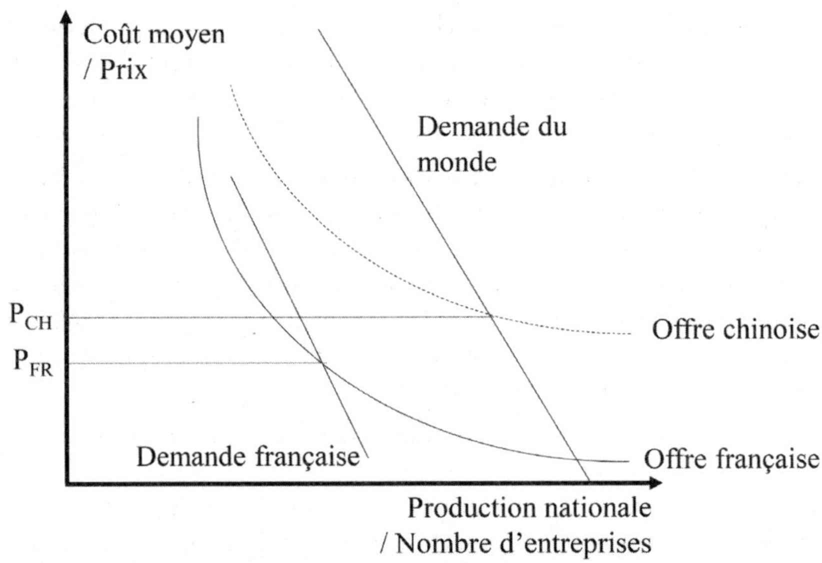

Des mesures protectrices sont donc nécessaires pour permettre à la France de se positionner sur les secteurs stratégiques de demain ; sans celles-ci, les jeunes pousses nationales continueront d'être étouffées par la concurrence étrangère, américaine ou chinoise, et ne pourront pas prendre le temps de structurer au niveau national une filière solide qui garantira leur compétitivité y compris à l'export.

Le libre-échange et les externalités associées aux activités économiques

Ce n'est pas le seul effet pervers du libre-échange. Les externalités associées à certaines activités industrielles peuvent être positives – dans le cas de la structuration de filière, nous avons vu que le fait qu'une entreprise existe et continue à produire a un impact positif sur les autres entreprises – mais il peut aussi s'agir d'externalités négatives. Dans cette configuration, les activités d'une entreprise ont des effets pervers externes sur d'autres acteurs économiques, qui ne sont pas pris en compte dans ses revenus ou dans ses coûts de production.

Par exemple, une usine peut être amenée à polluer et à rejeter des produits toxiques dans une rivière. Ces rejets ont un impact sur la biodiversité qui peut se chiffrer par des pertes de revenus pour les pêcheurs, des maladies pour les habitants aux alentours qui se nourrissent d'eau ou de poissons contaminés par ces rejets. Les émissions de gaz à effet de serre de l'usine se traduisent également par un coût pour la planète qui n'est pas pris en compte dans le coût de production de l'industriel, mais qui est payé par tout le monde. En substance, les mécanismes de marché sont égoïstes, ils prennent en compte les intérêts de l'acheteur et du vendeur mais ne permettent pas d'intégrer les bénéfices et les coûts que des activités économiques peuvent avoir pour la société ou pour la planète.

Au niveau national, la pollution des activités industrielles est gérée par des réglementations. En France, le code de l'environnement est très strict concernant les pollutions que peuvent impliquer des activités industrielles. Un mécanisme a été mis en place au niveau européen pour limiter la pollution des industries fortement émettrices de gaz à effet de serre par un système de quotas échangeables qui permet de taxer les entreprises proportionnellement à leurs émissions de gaz à effet de serre.

Si ces réglementations strictes ont la vertu d'inciter les producteurs européens à réduire leurs émissions, ils ne s'appliquent qu'aux acteurs produisant en Europe. D'autres pays n'ont pas de normes environnementales aussi strictes, à commencer par les pays asiatiques. De nombreux industriels polluants se sont aussi retrouvés confrontés à une alternative entre maintenir leurs activités en France – et se conformer à ces réglementations strictes, payer pour compenser leurs émissions de carbone – et les délocaliser en Asie afin de pouvoir continuer à polluer sans être soumis à ces réglementations.

Ce phénomène, baptisé par les économistes des « fuites de carbone », a été une cause majeure de délocalisations sur les 30 dernières années. À tel point que si la France a réduit les émissions de gaz à effet de serre sur le sol national de 20 % entre 1995 et 2018, l'empreinte carbone de la France – c'est-à-dire les émissions de gaz à effet de serre directement liées à la consommation des Français, qu'elles soient réalisées ou non sur le sol national – a augmenté de 20 % sur la même période. Les émissions associées aux importations de la

France ont ainsi doublé sur les 25 dernières années, et celles-ci sont passées de 211 à 425 millions de tonnes de CO_2 entre 1995 et 2018.

Émissions et empreinte carbone de la France, selon le Commissariat général au développement durable

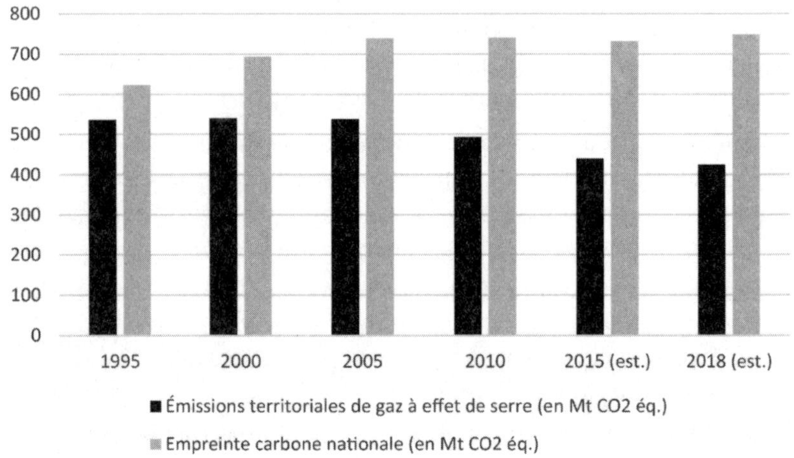

La Commission européenne a annoncé en juillet 2021 sa proposition de paquet « Fit for 55 », qui prévoit la mise en place d'un *mécanisme d'ajustement carbone aux frontières* permettant d'appliquer ce système de quotas aux producteurs étrangers qui exportent en Europe. Mais ce système ne s'appliquera dans un premier temps qu'à un nombre limité d'industries fortement émettrices, et le niveau des émissions d'une entreprise étrangère sera *a priori* beaucoup plus difficilement vérifiable que pour une société européenne. Par ailleurs, si ce système permet d'inciter les entreprises étrangères commercialisant en Europe à réduire leurs émissions de gaz à effet de serre, il ne prend pas en compte les autres types de pollution qui peuvent également porter préjudice à la santé humaine et à la qualité de vie sur Terre, notamment pour ce qui concerne la biodiversité.

Les externalités positives de la souveraineté et de la résilience des chaînes de valeur

Cet enjeu de prise en compte des externalités associées aux activités industrielles doit également s'appliquer aux problématiques de souveraineté et de résilience des chaînes de valeur françaises et européennes.

Nous avons mentionné, en introduction, l'exemple de la rupture des coopérations militaires entre la France et les États-Unis à la suite de l'opposition française à l'intervention militaire américaine en Irak. À l'époque, cette rupture des coopérations militaires avait mis la France en grande difficulté, notamment vis-à-vis du porte-avions *Charles de Gaulle* dont le fonctionnement reposait sur un système de catapultage importé des États-Unis. Au moment de l'acquisition de ce système de catapultage, l'armée française a dû prendre une décision entre deux options : d'un côté, acheter un système de catapultage américain ; de l'autre, investir pour développer une technologie française dans ce domaine. La seconde option était très certainement beaucoup plus chère, le système de catapultage est une pièce clé du porte-avions et représente typiquement 25 % du coût de celui-ci, soit plusieurs milliards d'euros.

L'armée française a probablement jugé que la moins chère des deux options était la bonne, dans une logique d'analyse des bénéfices, des coûts et des risques associés aux deux options. Seulement, le coût pour la France, du point de vue non seulement militaire mais aussi diplomatique, associé à un bras de fer comme celui de 2004 n'a probablement pas été pris en compte dans la décision de l'entreprise qui a fabriqué le porte-avions (Naval Group) et du ministère des Armées. Les externalités négatives de l'absence de maîtrise souveraine sur cette pièce clé du porte-avions auraient pu être estimées au moment de la prise de décision : capacité des États-Unis à utiliser cet argument dans une logique de rapport de force, armée française proche de la paralysie pendant un an, fierté nationale.

La dépendance française en matière de semi-conducteurs représente un autre exemple d'externalités négatives associées à l'absence de maîtrise souveraine sur une activité industrielle stratégique. Les puces utilisant des semi-conducteurs sont utilisées dans un nombre croissant d'activités. Elles permettent à nos smartphones de fonctionner, elles sont aussi omniprésentes dans les avions, dans les voitures. Suite aux multiples confinements, l'activité économique a redémarré brusquement alors qu'en même temps, les usines avaient sous-investi pendant la crise en raison de l'incertitude et certaines lignes avaient dû fermer.

Cette situation s'est traduite par une pénurie de semi-conducteurs partout dans le monde en attendant que des investissements ne soient réalisés. Les décisions d'autres pays – ici, essentiellement Taiwan et la Corée du Sud – ont fortement affecté la capacité des entreprises françaises à fabriquer certains produits stratégiques (voitures, avions, armement…). Mercedes, BMW et Volkswagen mais aussi Stellantis ou Renault, tous les constructeurs automobiles sont contraints de faire tourner au ralenti leurs lignes de production, faute de ces pièces essentielles. Le coût des véhicules provenait en 2019 à 4 % des semi-conducteurs, chiffre qui pourrait passer à 20 % d'ici 2030.

La dépendance aux importations étrangères en matière de semi-conducteurs implique une vulnérabilité qui peut également être décrite, du point de vue économique, par des externalités négatives. Les fabricants de voitures prennent en compte, dans leur stratégie d'achat de semi-conducteurs, uniquement le bénéfice qu'ils vont réaliser grâce à ceux-ci et le coût qu'ils représentent. Ils ne prennent pas en compte les implications que la dépendance aux importations de semi-conducteurs peut avoir pour la France – pénuries de produits essentiels pour les consommateurs, impact économique plus large en cas de rupture de stock de semi-conducteurs, impact diplomatique de cette dépendance –, et ils anticipent mal les conséquences que de potentielles ruptures des chaînes d'approvisionnement dans le cadre d'une crise peuvent avoir pour leur propre activité (un phénomène que les spécialistes de l'économie comportementale estime relever des « internalités », qui correspondent aux failles de marché associées aux biais des agents économiques qui ont tendance à sous-estimer les risques associés à des évènements futurs dramatiques mais relativement rares, comme une guerre ou une crise sanitaire). Le ministre de l'Économie français Bruno Le Maire s'exprimait en octobre 2021 concernant les implications de cette dépendance en matière diplomatique : « *Nous ne sommes pas une grande nation quand nous sommes obligés de faire la manche pour trouver des semi-conducteurs, pour nos voitures, pour nos avions ou pour un certain nombre d'outils industriels de technologie avancée* ».

Externalités négatives associées à la perte de souveraineté
= (Probalité d'une crise) × (Coût de la dépendance en cas de crise)

Ces effets externes ne sont naturellement pas suffisamment anticipés par les acteurs économiques privés soumis à des mécanismes de marché, une intervention de l'État est donc indispensable pour permettre au secteur privé d'intégrer les enjeux de souveraineté et de résilience dans le cadre de leur prise de décision. À l'image de la taxe carbone aux frontières de l'Europe qui permet une meilleure prise en compte des externalités associées à la fabrication des produits importés, une revalorisation des droits de douane sur les produits et secteurs les plus stratégiques permettrait d'intégrer dans les prix des enjeux de souveraineté et de résilience des chaînes de valeur.

En l'absence d'une action coordonnée au niveau européen dans ce domaine, un soutien de l'État aux secteurs stratégiques permet de favoriser la prise en compte de ces enjeux par les entreprises et consommateurs. Des actions de relocalisation peuvent être entreprises et soutenues financièrement par l'État afin de permettre la constitution en France de capacités de production stratégiques malgré le déficit de compétitivité qui a conduit à leur délocalisation. Un soutien financier doit également être mis en place pour soutenir les secteurs stratégiques d'avenir et combler les faiblesses de l'écosystème français du capital-risque. En complément, des actions de protection doivent être mises en place pour soutenir les entreprises stratégiques françaises susceptibles d'être déstabilisées, d'être rachetées ou dont les dirigeants pourraient être amenés à délocaliser des activités critiques.

Chapitre 2

La désindustrialisation de la France

Section 2.1 – Les causes de la désindustrialisation de la France

La mondialisation commerciale est le résultat de politiques de promotion du libre-échange

Au début du XIXe siècle, le commerce entre la Grande-Bretagne et le reste du monde est strictement réglementé. Dans un contexte de guerre contre la France, les Britanniques ont éprouvé la nécessité de soutenir leurs capacités de production de céréales pour nourrir leur population malgré le blocus continental mis en place par Bonaparte. Au moment où les guerres napoléoniennes prennent fin, la levée du blocus est couplée à des années d'excellentes récoltes. Le *quarter* de blé coûtait près de 130 shillings en 1812, il chute pour atteindre 40 shillings entre 1814 et 1815. Les revenus des grands propriétaires fonciers issus de la noblesse britannique sont menacés, et ceux-ci parviennent en 1815 à faire voter une loi, la *Corn Law,* interdisant les importations de blé lorsque le prix de gros descend en dessous de 80 shillings le *quarter.*

La même année, David Ricardo publie son *Essai sur l'influence des bas prix du blé sur les profits du capital.* Le titre est explicite : selon lui, l'accès à des denrées alimentaires bon marché que permet le commerce international offre aux industriels la possibilité de négocier à la baisse les salaires de leurs travailleurs, ce qui réduit les coûts des entreprises et augmente leurs profits. « *Si, au lieu de récolter du blé chez nous, nous découvrons un nouveau marché où nous pourrions nous procurer ces objets à meilleur compte, dans ce cas les salaires doivent baisser et les profits s'accroître.* » Si l'ouverture aux importations de blé ronge la rente des propriétaires terriens, la baisse du prix des denrées alimentaires permet aux industriels d'améliorer significativement leurs marges.

Pendant les décennies qui suivent la mise en place de la *Corn Law,* des débats intenses animent une société anglaise tiraillée entre l'aspiration des industriels à renforcer leurs profits en s'appuyant sur des baisses de salaires, et les intérêts des propriétaires fonciers. Au terme de décennies de campagnes politiques s'appuyant, comme le décrit Karl Marx dans son *Discours sur la question du libre-échange,* sur les arguments économiques ricardiens, les industriels triomphent en 1846 et parviennent à imposer le retrait des tarifs douaniers sur les importations de blé.

Ce n'est que la première d'une série de victoires des promoteurs du libre-échange. En 1860, le traité Cobden-Chevalier est signé entre le Royaume-Uni et la France du Second Empire. Élaboré dans le plus grand secret par le conseiller économique de Napoléon III Michel Chevalier et le parlementaire britannique Richard Cobden, ce traité prévoit une forte réduction des droits de douane sur la soie, les bijoux, les vins et spiritueux français, ainsi qu'une forte baisse des droits de douane sur l'ensemble des importations depuis la Grande-Bretagne. En échange, la France s'engage notamment à supprimer les droits de douane sur les matières premières et les produits alimentaires britanniques. Ce traité est le premier à prévoir une clause de la *Nation la plus favorisée* (*Most favored nation clause / MFN*) qui impose à la France, si elle souhaite octroyer à un de ses partenaires commerciaux un avantage tarifaire, de proposer cette même baisse des tarifs douaniers au Royaume-Uni. Qualifié en France de « coup d'État douanier » en raison des méthodes employées par Napoléon III, ce traité engage une dynamique de réduction des barrières douanières partout en Europe. La France signe un traité avec la Belgique en 1861, avec la Prusse en 1862. Suivent l'Italie, la Suisse, l'Espagne, la Suède et les Pays-Bas : entre 1862 et 1870, l'essentiel des nations européennes suivent l'exemple de l'Angleterre et signent des traités commerciaux. Le graphique ci-dessous est sans équivoque : le nombre d'accords commerciaux de ce type entre des pays européens explose à partir de 1860.

Nombre de traités entre des nations européennes comportant des clauses MFN, en % du potentiel[1]

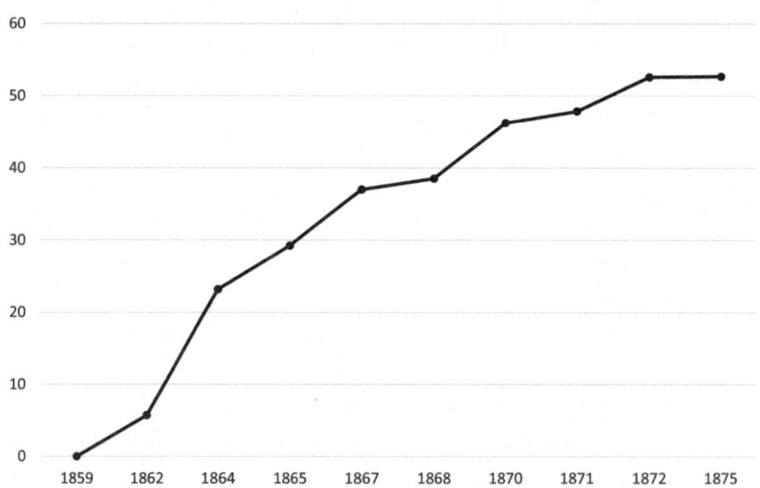

1. Olivier Accominotti, Marc Flandreau, « Bilateral Treaties and The Most-Favored-Nation Clause: The Myth of Trade Liberalization in the Nineteenth Century », *World Politics*, 2008, 60(2), 147-188. doi:10.1353/wp.0.0010

La théorie de Ricardo qui a été à l'origine de cette épidémie de traités de libre-échange est très simpliste, mais sa simplicité fait sa force. À un de ses amis mathématiciens qui lui demandait d'énoncer une découverte de la science économique qui soit à la fois vraie et non évidente, le prix Nobel Paul Samuelson citait la théorie ricardienne des avantages comparatifs : « *Que cette théorie soit logiquement vraie n'a pas besoin d'être démontré à un mathématicien. Qu'elle ne soit pas triviale est attesté par les milliers d'hommes importants et intelligents qui n'ont jamais été capables de la comprendre.* » De nombreux économistes se sont persuadés que la simplicité de cette démonstration mathématique était de nature à convaincre le plus grand nombre des avantages évidents du libre-échange, fermant les yeux sur les inconvénients tout aussi évidents de l'ouverture incontrôlée au commerce international.

Des générations de décideurs politiques ont ainsi été inspirés par ces modèles simplifiés qui démontrent qu'il n'y a que des avantages à ouvrir son économie aux échanges commerciaux. Au-delà de l'Europe, cette croyance selon laquelle l'ouverture au commerce permet d'améliorer le niveau de vie et d'accélérer la création de richesse a conduit les principaux pays du monde à ouvrir leurs frontières commerciales en réduisant, au fil du temps, les barrières douanières qui protégeaient leurs secteurs économiques nationaux des importations.

Les conséquences économiques du traité de Versailles

La paix conclue entre la France de Napoléon III et la Prusse à la suite de la défaite de Sedan donne lieu, en 1871, à de lourdes réparations. La France cède l'Alsace et la Lorraine – départements clés en matière industrielle, pour leurs importantes mines de fer – et doit payer à l'Allemagne une indemnité significative de 5 milliards de franc-or. La France est contrainte de régler cette indemnité très rapidement pour mettre fin à l'occupation de son territoire par l'armée allemande, et s'endette pour pouvoir rembourser l'ensemble de l'indemnité de guerre dès 1873. L'Allemagne impose également à la France une baisse unilatérale des barrières douanières par la clause de la nation la plus favorisée (MFN) sur le commerce et la navigation.

Ces réparations bien plus élevées que le coût de la guerre devaient garantir la prospérité allemande au détriment de la France, mais se sont traduites par un effet inverse. Comme expliqué par le pacifiste anglais Norman Angell dans *La Grande Illusion,* une nation industrielle comme la France qui doit rembourser une indemnité de guerre significative sera contrainte de consacrer une part plus importante de sa production aux exportations, ce qui la pousse à concurrencer les producteurs allemands sur leur marché intérieur et sur les marchés à l'export. Le paiement de l'indemnité a par ailleurs un effet inflationniste et conduit à une hausse des prix en Allemagne, au détriment de la compétitivité industrielle. Le résultat est frappant, puisque les années 1870-1880 sont pour la France une période de reconstruction et pour l'Allemagne une période de récession économique. Le lourd tribut demandé à la France en 1871 s'est ainsi traduit par un développement commercial de la France au détriment de l'industrie allemande.

En 1919, John Maynard Keynes qui participe aux négociations de Versailles s'inquiète que les mêmes travers ne plongent l'Europe dans le chaos économique. Une indemnité extrêmement lourde est imposée au vaincu et les régions qui assuraient l'autonomie énergétique de l'Allemagne sont perdues. 75 % du fer extrait en Allemagne provenait alors d'Alsace-Lorraine et la Haute-Silésie, qui assurait un quart de la production allemande de charbon, est cédée à la Pologne. La région houillère de la Sarre est gérée par la Société des Nations et ses mines de charbon sont cédées à la France. D'importants tributs sont réglés par l'Allemagne en charbon, privant l'économie allemande des ressources énergétiques nécessaires pour faire fonctionner son industrie chimique, métallurgique et électrique ; Keynes va jusqu'à affirmer dans *Les conséquences économiques de la paix* que « *chaque million de tonnes [que l'Allemagne] exporte ne sort du territoire national qu'au prix de la fermeture d'une usine* ». L'Allemagne est contrainte d'appliquer aux alliés la clause de la nation la plus favorisée pendant 5 ans, et ne bénéficie pas d'un traitement équivalent alors même que le remboursement de l'indemnité lui impose d'exporter. Le traité de Versailles crée donc les conditions à la fois d'un appauvrissement de l'Allemagne et d'une guerre commerciale entre les nations industrielles européennes. Nous connaissons aujourd'hui les conséquences funestes des négociations de 1919.

Si de nombreux pays ont instauré à nouveau des tarifs douaniers pendant l'entre-deux-guerres, la réduction des barrières commerciales a été érigée en pilier de l'ordre du monde construit par les États-Unis à la suite de la Seconde Guerre mondiale. Dans la continuité des accords de Bretton Woods, des négociations sont engagées pour signer un *Accord général sur les tarifs douaniers et le commerce* (GATT). La charte de La Havane signée à Cuba en 1948 donnera lieu à la création d'une Organisation internationale du commerce, qui deviendra l'Organisation mondiale du commerce (OMC). Des négociations commerciales sont engagées par 23 États, et aboutissent à environ 45 000 réductions tarifaires et à un certain nombre de règles visant à garantir la réciprocité dans les accords commerciaux – notamment en généralisant à tous les adhérents de l'OMC les clauses MFN mentionnées plus haut – et à garantir qu'au-delà de modestes droits de douane, les États ne favorisent pas les biens produits localement par rapport aux biens importés.

En France, les droits de douane moyens sont passés d'environ 20 % en 1945 à environ 5 % pendant les 30 Glorieuses, avant de descendre en-dessous des 1 % à la suite de l'intégration européenne qui s'est traduite par la libre circulation des biens et services au sein du marché commun et par une succession de traités commerciaux qui ont abouti à une forte baisse des droits de douane aux frontières de l'Europe. Fin 2019, 41 % des échanges commerciaux aux frontières de l'Union européenne étaient couverts par des accords préférentiels, et plusieurs traités de libre-échange sont encore en cours de négociation.

Droits de douane moyens en France, aux États-Unis et en Grande-Bretagne[2]

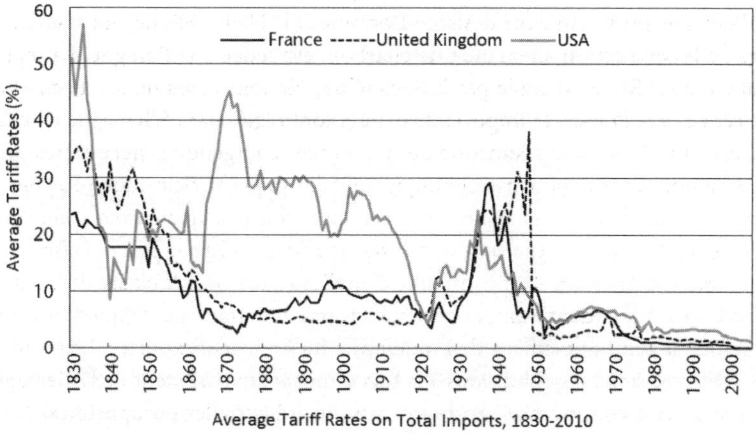

Sources: Imlah, Economic Elements

Si elle est d'abord le résultat de politiques publiques guidées par cette idéologie du libre-échange, l'intégration commerciale internationale a également été rendue possible par des facteurs technologiques. Entre 1930 et 1990, le prix du fret maritime et les droits portuaires ont été divisés par 2, et le coût par passager du transport aérien a été divisé par 5. Le développement des moyens de communication – du télégraphe au téléphone, puis à internet – a également permis un renforcement de la coordination au sein d'entreprises multinationales présentes sur plusieurs continents.

Depuis les années 1980, une décomposition internationale des chaînes de valeur a été rendue possible par cette réduction des coûts de transport et par cette fluidification des échanges d'informations et d'idées permise par les nouveaux moyens de communication. Le fuselage des Boeing 787 est réalisé entre les États-Unis, le Japon et l'Italie, les ailes de l'avion sont fabriquées en Corée du Sud et ses portes sont fabriquées en France. La fabrication d'un produit unique, intégrant des composants fabriqués aux quatre coins du monde, n'aurait pas été possible avec les moyens de transport et de communication de la première moitié du XXe siècle.

2. https://www.wikiwand.com/en/Tariff

Ce développement du commerce international a profondément transformé nos sociétés. Au niveau mondial, le PIB a été multiplié par 3,5 entre 1980 et 2017, alors que les échanges commerciaux ont été multipliés par un facteur 6,8. Au niveau français, les échanges se sont fortement développés et les importations et exportations sont passées d'environ 15 % du PIB en 1950 à plus de 30 % en 2017. En d'autres termes, aujourd'hui, un tiers des richesses produites en France est destiné au commerce international, et un tiers de la consommation des Français est produit à l'étranger.

Les années 1970 et le début du déclin industriel de la France

Les décennies qui suivent la fin de la Seconde Guerre mondiale et l'adoption du GATT sont marquées par une certaine prospérité, liée aux grands travaux de reconstruction soutenus financièrement par les États-Unis dans le cadre du Plan Marshall puis à la planification industrielle des 30 Glorieuses. Au-delà des grands investissements industriels soutenus par l'État, des ports, des aéroports et des lignes de train sont construits pour permettre le développement de l'emploi et de l'activité industrielle partout sur le territoire. Pendant cette période, la production reste fortement nationale. Si les importations et exportations représentent 10 à 15 % du PIB français entre 1950 et 1970, 40 % des investissements français étaient dirigés vers les pays africains de la zone franc.

Cette situation commence à changer au début des années 1970, sous l'influence de plusieurs facteurs. Premièrement, les accords commerciaux du GATT ont été progressivement élargis dans les décennies qui ont suivi la signature du premier accord à Genève. Des accords successifs ont permis la réduction des tarifs douaniers par un nombre croissant de pays et sur un nombre croissant de secteurs d'activités. Au début des années 1970 sont engagées les négociations du *Cycle de Tokyo*, qui implique 99 États contre 23 pour le premier accord et restera considéré comme le « *plus complet des 7 premiers cycles de négociations menés au sein du GATT depuis sa fondation en 1948* »[3]. Les droits de douane sur les importations françaises, dont le niveau avait déjà chuté depuis la Seconde Guerre mondiale, diminuent fortement dans les années 1970.

Ensuite, les États-Unis décident en 1971 de mettre fin à la convertibilité du dollar en or qui était depuis les accords de Bretton Woods la pierre angulaire du système monétaire international. Sans cette garantie de stabilité du système monétaire, les Allemands craignent une revalorisation du *deutsche mark* qui nuirait à leur compétitivité à l'export. Afin de garantir la stabilité des taux de change entre les devises européennes et de réduire le risque d'attaque spéculative conduisant à une revalorisation du mark, les États européens mettent en place en 1972 le Serpent monétaire européen, transformé en Système monétaire européen (SME) en 1979 et qui permet une convergence progressive

3. *International Economics Policies and Their Theoretical Foundations*, 1982.

vers la monnaie commune en empêchant une dévalorisation du franc par rapport au mark. La convergence monétaire européenne s'est ainsi traduite par un franc fort puis par un euro surévalué par rapport à la compétitivité de l'économie française[4] ; en 2017, l'étude du Fonds monétaire international sur les déséquilibres des paiements internationaux soulignait encore que l'euro était trop fort pour la France à hauteur de 6,8 %[5]. Si l'euro était 5 % plus faible, les importations seraient 5 % plus chères – ce qui nuirait au pouvoir d'achat, mais inciterait les Français à acheter des produits fabriqués en France – et les exportations françaises seraient 5 % moins chères, favorisant les ventes des industriels français à l'étranger. Ce décalage date des années 1970, et est en partie responsable de la dégradation de la compétitivité industrielle de la France.

Enfin, les crises pétrolières de 1973 et 1979 se sont traduites par une forte inflation dans tout l'Occident. Suite à la guerre de Kippour au cours de laquelle l'aide américaine à Israël s'est avérée critique, les pays arabes membres de l'Organisation des pays exportateurs de pétrole (OPEP) décident d'imposer aux États occidentaux une forte augmentation du prix du pétrole. En quelques mois, le prix du baril a quadruplé et est passé de 2,6 à 11,6 dollars américains, affectant fortement le pouvoir d'achat dans les pays occidentaux. Les prix augmentent encore à la fin des années 1970, sous l'effet conjugué de la guerre Iran-Irak et de la révolution iranienne qui ont conduit à une multiplication par 3 du prix du baril.

À l'époque, la France dispose d'une échelle mobile des salaires qui permet une adaptation automatique des rémunérations en proportion de l'inflation afin de préserver le pouvoir d'achat des travailleurs. La hausse du prix des matières premières se répercute donc mécaniquement sur le niveau des salaires, et affecte fortement la compétitivité des entreprises industrielles. Le taux de profit des entreprises françaises (et occidentales) chute : le taux de marge moyen des entreprises non financières françaises perd 10 % à la suite de la première crise pétrolière, et 10 % de plus à la suite de la seconde.

Cette forte baisse du taux de profits, sous l'effet conjugué d'une concurrence internationale accrue, de politiques monétaires minant la compétitivité des entreprises françaises à l'export et d'une inflation sans précédent, a incité les entreprises industrielles françaises à engager des actions visant à restaurer leurs marges.

4. *La macroéconomie enfin comprise*, Louis-Samuel Pilcer, Michel Ruimy, Jérémie Smadja, *op. cit.*

5. https://www.lefigaro.fr/conjoncture/2017/07/28/20002-20170728ARTFIG00249-l-euro-est-trop-fort-de-68-pour-la-france-et-trop-faible-de-18-pour-l-allemagne-selon-le-fmi.php

Taux de marge des entreprises non financières françaises[6]

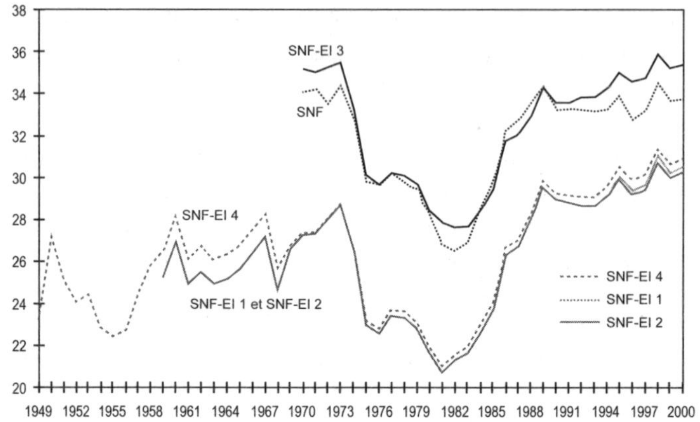

La réindustrialisation et la crise russo-ukrainienne de 2022

Les premières vagues de délocalisations ont commencé dans les années 1970, comme conséquences de la crise pétrolière qui a conduit à rendre durablement plus chère l'énergie nécessaire pour de nombreuses activités industrielles. Si le pétrole représentait 22 % de l'utilisation d'énergie par le secteur industriel en 1990, il ne représente aujourd'hui plus que 9 % de l'énergie utilisée par l'industrie[7]. 35 % de celle-ci est liée à l'électricité, mais près de 40 % dépend encore directement du gaz.

Le conflit russo-ukrainien s'est traduit par des sanctions qui ont forcé les États membres de l'Union européenne à identifier des alternatives au gaz russe, forçant la plupart d'entre eux à acheter leur gaz à 40 $/MBTU contre un prix d'avant-crise de l'ordre de 5 à 10 $/MBTU[8]. Cet important surcoût de l'approvisionnement européen en gaz est lié à une brutale augmentation de la demande européenne pour le gaz américain à la suite des sanctions, et le prix du gaz en Europe ne devrait pas se stabiliser à ce niveau exceptionnellement élevé. En revanche, si l'Europe n'a durablement plus accès aux réserves russes de gaz, de nouveaux investissements seront nécessaires pour exploiter de nouvelles réserves, notamment aux États-Unis et au Qatar qui représentent 80 % de l'offre supplémentaire de gaz naturel des dix prochaines années selon Charif Souki, dirigeant de l'exploitant de GNL Tellurian[9]. Le modèle économique de ces projets reste à trouver et le coût de l'acier, du nickel et du capital nécessaire à l'exploitation des nouvelles réserves de gaz ont augmenté. Charif Souki estime que le prix du gaz consommé en Europe devrait se stabiliser autour de 11 à 12 $/MBTU, ce qui impliquera une hausse pérenne du coût du gaz pour les industriels européens.

6. https://www.cairn.info/revue-economie-et-prevision-2003-2-page-1.htm. SNF, SNF-EI 1, …, SNF-EI 4 correspondent à différentes estimations du taux de marge des sociétés non financières.

7. https://www.statistiques.developpement-durable.gouv.fr/edition-numerique/chiffres-cles-energie-2021/7-consommation-finale-denergie-par-secteur#:~:text=En%202020%2C%20le%20gaz%20naturel,l'%C3%A9lectricit%C3%A9%20(35%20%25).

8. https://energy.ec.europa.eu/system/files/2022-04/Quarterly%20report%20on%20European%20gas%20markets_Q4%202021.pdf

9. *Le Figaro*, 20 novembre 2022.

Comme dans les années 1970, une telle augmentation du coût de l'énergie aura nécessairement des implications industrielles majeures. De nombreuses usines pourraient se localiser dans les pays qui garantissent un accès à l'énergie à des tarifs abordables, ou retravailler le reste de leur structure de coûts (salaires, accès aux capitaux, transports...) pour restaurer des marges fortement affectées par les surcoûts énergétiques. En tout état de cause, la France et l'Europe ne doivent pas répéter les erreurs commises à la suite de la crise énergétique des années 1970 et doivent dès maintenant réfléchir aux conditions qui permettront de conserver une industrie compétitive dans un environnement où le prix du gaz est durablement élevé. L'accélération de notre transition écologique pour réduire la dépendance au gaz des usines européennes sera plus que jamais nécessaire. Les politiques monétaires, fiscales et commerciales devront également être mobilisées pour empêcher de nouvelles vagues de délocalisations.

Les vagues de délocalisations qui ont frappé l'industrie française

En 1974, l'industriel français du secteur textile Bidermann engageait les premières opérations assumées de délocalisation en transférant ses usines de fabrication de pantalons en Hongrie et au Portugal. À la fin des années 1970, le groupe avait déjà délocalisé 30 % de sa production. À la fin des années 1980, c'est 70 % des activités du groupe qui auront été délocalisées entre le Maroc, le Vietnam et l'île Maurice. « *Nous n'avions pas le choix, le SMIC ne cessait de monter* », justifiait le bras droit de Maurice Bidermann. Le salaire minimum avait en effet fortement augmenté dans le contexte d'inflation associé à la crise pétrolière, et Bidermann est rapidement suivi par de nombreux industriels qui décident de déplacer leurs usines vers des pays à bas coûts plutôt que d'accepter de mieux payer leurs travailleurs.

Ce phénomène touche l'ensemble de l'Occident : à la fin des années 1970, 6,5 millions d'emplois sont délocalisés aux États-Unis et en Europe. De nombreuses entreprises françaises, britanniques ou américaines se portent bien, mais ont décidé, afin de conserver leurs marges, de déplacer à l'étranger les activités qui n'étaient plus suffisamment compétitives en France.

Si la France n'est pas le seul pays à avoir subi des délocalisations, notre pays fait partie des références en la matière : en 2017, les multinationales françaises employaient à l'étranger l'équivalent de 40 % de l'emploi salarié disponible en France. En d'autres termes, pour 2 personnes employées en France, une personne est employée par une entreprise française à l'étranger. En comparaison, ce ratio était 2 fois plus faible en Allemagne et au Royaume-Uni, près de 3 fois plus faible en Italie et 8 fois plus faible en Espagne. La mécanique est simple : face à la concurrence asiatique, les entreprises allemandes, espagnoles ou italiennes ont adapté leur positionnement stratégique et accepté de rogner leurs marges. Les entreprises françaises ont poursuivi une autre stratégie et ont décidé de licencier en France pour ouvrir des sites plus compétitifs dans des pays à bas coûts.

Emploi délocalisé par les multinationales françaises, en comparaison des autres pays européens

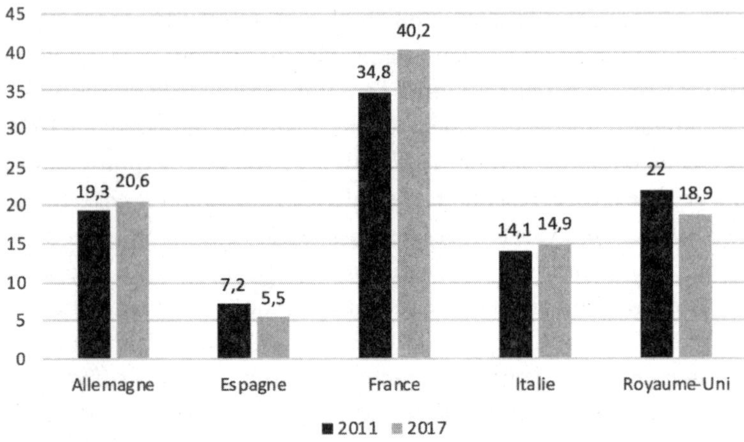

Source : France Stratégie.

Une différence fondamentale entre l'industrie française et l'industrie allemande, qui explique ces délocalisations et une partie de notre déficit de compétitivité, est liée aux modalités de gouvernance de nos entreprises. En France, les décisions structurantes prises par les conseils d'administration ne tiennent compte que de l'intérêt des actionnaires. Depuis la *Loi sur la sécurisation de l'emploi* adoptée par la France en mai 2013, renforcée par la Loi Pacte, les grandes entreprises (de plus de 1 000 salariés depuis la Loi Pacte[10]) doivent intégrer à leur conseil d'administration deux représentants des salariés, mais ce nombre de représentants ne suffit pas pour peser sur les décisions de l'entreprise. Les conseils d'administration, représentants des actionnaires, prennent donc le plus souvent leurs décisions pour maximiser la rentabilité de l'investissement de ceux-ci, liée aux profits réalisés par l'entreprise, sans considérer l'intérêt des salariés et celui de la nation. Ils peuvent ainsi être amenés à privilégier des délocalisations dans des pays à bas salaires pour renforcer le taux de marge de l'entreprise, ou le déplacement des activités de R&D vers les États-Unis pour permettre une revente de l'actif susceptible d'impliquer une plus-value. Si l'entreprise est sous contrôle étranger, les représentants de son actionnaire peuvent favoriser le déplacement des centres de décision et des activités les plus stratégiques pour les rapprocher de leur lieu de résidence.

10. https://www.jean-jaures.org/publication/la-gouvernance-de-lentreprise-de-demain-sera-partagee/?post_id=31068&export_pdf=1#:~:text=La%20loi%20PACTE%2C%20vot%C3%A9e%20en,a%20pas%20modifi%C3%A9%20les%20%C3%A9quilibres.

En Allemagne, les entreprises sont « cogérées » par leurs salariés et leurs actionnaires. Cette politique de cogestion a été mise en place en Allemagne par le chancelier chrétien-démocrate Adenauer en 1951, par une loi obligeant les entreprises du secteur de l'acier et du charbon à réserver la moitié des sièges et droits de vote dans les conseils d'administration à des représentants des salariés. Ce dispositif a été étendu à l'ensemble des grandes entreprises en 1952, à hauteur d'un tiers des sièges. Vingt-cinq ans plus tard, en 1976, les sociaux-démocrates généralisent l'obligation de réserver la moitié des sièges et droits de vote aux représentants des salariés pour toutes les entreprises de plus de 2 000 salariés. Ces lois, acquises au terme de luttes sociales difficiles, font aujourd'hui consensus en Allemagne, y compris chez les employeurs[11]. Ce modèle co-gestionnaire a freiné les délocalisations et est en partie responsable de la réussite économique de l'Allemagne : des salariés impliqués dans le projet de leur entreprise sont plus investis, et donc plus productifs. La prise en compte de leurs intérêts force les entreprises à mettre en place des stratégies de développement industriel à long terme, susceptibles de garantir la pérennité de l'emploi industriel et pas uniquement d'optimiser leur rendement financier.

Ces délocalisations sont également accélérées par les prises de participation de fonds d'investissement ou d'industriels étrangers au capital d'entreprises stratégiques françaises. Mi-2022, 11 sociétés du CAC 40 étaient détenues en majorité par des étrangers, et le taux de détention des entreprises du CAC 40 par des étrangers est de l'ordre de 40 % en moyenne. Ces investissements proviennent principalement des États-Unis, qui détiennent plus de 30 % des actions cotées détenues par des étrangers.

Taux de détention des sociétés du CAC 40 par des non-résidents français

39,9 %
le capital des sociétés françaises du CAC 40 détenu par des non-résidents

1,7 milliard d'euros
les achats nets d'actions françaises du CAC 40 par les non-résidents en 2020

11 sur **37**
les sociétés françaises du CAC 40 détenues majoritairement par des non-résidents

Taux de détention par les non-résidents du capital des sociétés françaises du CAC 40
(taux en % ; montants en milliards d'euros)

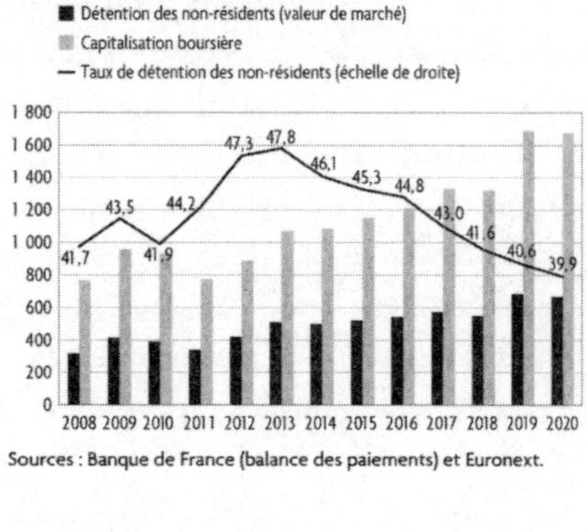

Sources : Banque de France (balance des paiements) et Euronext.

Source : Banque de France[12].

11. *Capital et Idéologie*, Thomas Piketty, Seuil, 2019, p. 578-582.

12. https://publications.banque-france.fr/sites/default/files/medias/documents/821211_bdf237-8_cac40_vf1910.pdf

Les rachats étrangers de grandes entreprises, ETI ou PME non cotées se sont également multipliés sur ces dernières années, et offrent à leur actionnaire la possibilité de peser sur la gouvernance et de favoriser la délocalisation d'activités stratégiques, le déplacement du siège social ou le transfert de la propriété intellectuelle ou d'actifs clés à l'étranger. Le démantèlement d'Arcelor par l'Anglo-Indien Mittal depuis 2006 a renforcé la dépendance de la France aux importations d'acier ; le démantèlement de Pechiney par le Canadien Rio Tinto a accentué notre dépendance aux importations d'aluminium. La France ne fabrique plus ses câbles sous-marins et a perdu tout espoir de voir émerger un Apple français depuis la vente d'Alcatel au Finlandais Nokia en 2015. L'un après l'autre, les fleurons industriels français sont vendus à des étrangers, leurs activités et leurs centres de décision sont délocalisés.

Des délocalisations à la désindustrialisation de la France

Candidat aux élections présidentielles en 1981, le communiste Georges Marchais arborait déjà le slogan « Avec Marchais, Produisons français ». Le Parti Communiste Français, témoin des multiples fermetures d'usines et de la montée du chômage dans la seconde moitié des années 1970, proposait déjà à l'époque un programme de défense et de reconstruction de l'industrie nationale. Le déclin de l'industrie française amorcé au début des années 1970 s'est confirmé par la suite. Selon les données de la Banque mondiale, la part de l'industrie dans le produit intérieur brut de la France – c'est-à-dire dans la richesse créée sur le sol national chaque année – est passée de près de 28 % en 1980 à 24,5 % en 1990, 21,3 % en 2000 et 16,4 % en 2020[13].

Industrie, valeur ajoutée (% du PIB)

Source : Banque de France.

13. https://donnees.banquemondiale.org/indicateur/NV.IND.TOTL.ZS?locations=FR

Ce déclin de l'industrie française est responsable du chômage de masse qui touche la France depuis les années 1980. Entre 1980 et 2007, le nombre d'emplois industriels en France est passé de 5,3 à 3,4 millions, et de 22 à 12 % de la population active[14]. Si une partie de ce déclin peut être imputée à une spécialisation de la France sur les services, ces 2 millions d'emplois industriels en moins ne sont pas sans lien avec le chômage de masse qui frappe la France depuis la fin des années 1980. Alors que notre pays ne comptait que 830 000 chômeurs en 1975, la France a atteint en 1985 les 2,2 millions de demandeurs d'emploi et a dépassé les 3 millions de chômeurs en 2013. Au-delà des emplois industriels, la fermeture des usines qui structurent de nombreux bassins d'emplois a fortement affecté les territoires. Quand l'usine qui emploie la moitié des habitants d'une commune ferme, la boulangerie et la brasserie sont également contraintes de fermer.

En 1999, le groupe Michelin décide de fermer son site de fabrication de pneus de vélos basé à Soissons dans le cadre d'une politique de délocalisation de ses sites de production vers des pays à bas coûts. Le directeur de l'usine, Bernard Bouchard, explique à l'époque que l'usine est incapable de faire face à la concurrence asiatique qui commercialise des produits « *moins chers que la matière première [utilisée par l'usine de Soissons]* ». Les 450 salariés de l'usine sont licenciés, alors que la filiale de Michelin était le premier employeur privé de Soissons.

Dans les années qui ont suivi, 6 autres entreprises ont été liquidées. Avec le site de Michelin, c'est près de 20 % des emplois de ce bassin d'activité industrielle qui ont été détruits. L'affaire a pris un retentissement national et le préfet de l'Aisne a été forcé de réagir en proposant un plan de reconversion du bassin soissonnais, qui a mobilisé des dizaines de millions d'euros d'investissement de l'État. Ce fut sans succès. La fermeture des usines, c'est aussi moins de clients pour les boulangeries, pour les magasins de vêtements, pour les petits commerçants : la désindustrialisation n'est pas sans lien avec les innombrables vitrines de commerces à l'abandon que l'on voit, encore aujourd'hui, dans le centre-ville de Soissons. Si le nombre d'ouvriers a été divisé par 2 entre 2008 et 2019, le nombre d'artisans et de commerçants a également fortement diminué. Le chômage, qui touchait déjà 14 % de la population active de Soissons en 1999, a explosé pour atteindre 26 % de la population active en 2019.

La désindustrialisation s'est également traduite par un déficit commercial important. La France n'a pas connu d'excédent commercial depuis 2004, et importe chaque année plus que ce qu'elle exporte à hauteur de plusieurs dizaines de milliards d'euros. Ce déficit commercial signifie concrètement que chaque année depuis 20 ans, notre pays produit moins que nécessaire pour nourrir, loger et habiller ses habitants. Pas de secret : si la France consomme

14. https://www.insee.fr/fr/statistiques/1377172?sommaire=1377175

plus que ce qu'elle gagne, elle est contrainte de le faire à crédit. Ces déficits commerciaux récurrents sont ainsi responsables de l'endettement colossal de la France, qu'il s'agisse d'une dette publique ou de la dette des entreprises et des ménages. Le cumul des dettes privées et publiques s'établissait en 2022 à 360 % du PIB, et le taux d'endettement des ménages et des entreprises non financières a augmenté de plus de 50 % entre 2012 et 2020.

Solde de la balance commerciale, biens et services (en US$ courants)

Source : Données de la Banque mondiale

Ce problème n'est pas partagé par les autres États européens. Si la France a un déficit commercial persistant depuis le début des années 2000, l'Allemagne a un excédent commercial significatif chaque année depuis 1992 – comme le montre le graphique ci-dessous – et la part de l'industrie dans son produit intérieur brut était de 26,5 % en 2020[15]. La France fait ainsi partie des pays européens pour lesquels la part de l'industrie dans la création de richesse est la plus faible, avec 16,4 % en 2020 contre 20,4 % en Espagne, 21 % au Danemark, 21,6 % en Italie, 26,5 % en Allemagne et 26,7 % en Pologne. Notre pays est également le champion d'Europe des déficits commerciaux, avec un déficit de 109 milliards d'euros en 2021 alors que l'Allemagne réalisait un excédent de 178 milliards d'euros, et l'Italie de 44 milliards d'euros.

15. https://donnees.banquemondiale.org/indicateur/NV.IND.TOTL.ZS?locations=DE

Solde de la balance commerciale allemande, biens et services (en US$ courants)

Source : https://data.worldbank.org/indicator/BN.GSR.GNFS.CD?contextual=default&locations=DE

Solde de la balance commerciale en 2021, en milliards d'euros

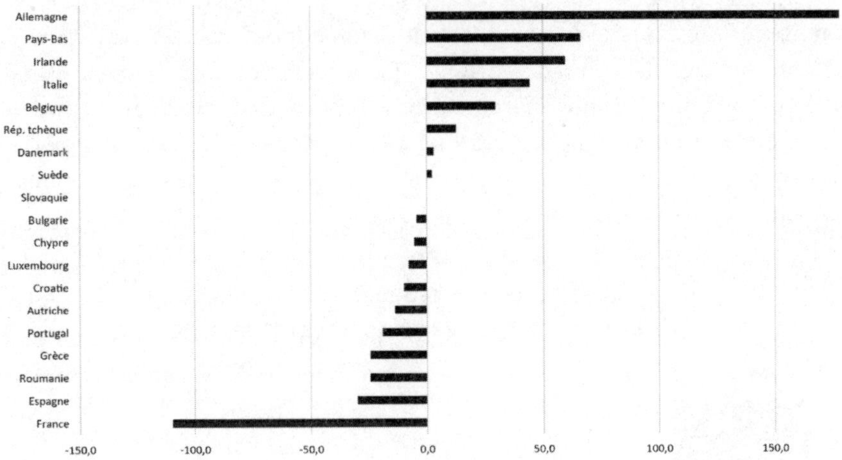

Source : Eurostat, https://www.insee.fr/fr/statistiques/2381432#figure1_radio2

La situation économique de la France, qui a perdu sa base industrielle et réalise depuis 20 ans des déficits records chaque année, est spécifique à notre pays et n'est donc pas une fatalité. Comme l'Allemagne ou l'Italie, la France pourrait avoir une industrie forte et exportatrice, indispensable pour garantir la souveraineté nationale.

Section 2.2 – Les conséquences de la désindustrialisation de la France

La France n'est plus capable de produire elle-même de nombreux produits critiques

Ce déclin de l'industrie française s'est traduit par une perte de souveraineté : la France est devenue fortement dépendante des importations et n'est plus capable de produire elle-même de nombreux biens et services essentiels. Les difficultés rencontrées par les producteurs chinois au début de la crise du covid-19 se sont par exemple traduites par des ruptures de stock de nombreux produits vitaux, notamment de médicaments, qui ont forcé le gouvernement français à entreprendre des mesures de rationnement pour limiter les pénuries.

La note « Quelle stratégie de résilience dans la mondialisation » du Conseil d'analyse économique, publiée en avril 2021 par les économistes Xavier Jaravel et Isabelle Méjean, cherche à réaliser un diagnostic du niveau de dépendance atteint par la France à partir de l'analyse des données des douanes. Les auteurs identifient 2 643 produits sur lesquels la France dépend fortement d'importations extra-européennes et, parmi ceux-ci, 644 produits sur lesquels la France dépend d'un faible nombre de pays.

Pour 122 d'entre eux, la France dépend non seulement d'un faible nombre de pays fournisseurs, mais également d'un faible nombre d'entreprises. C'est par exemple le cas pour la fabrication des semi-conducteurs les plus avancés, activité sur laquelle la France dépend quasi exclusivement de deux usines opérées par Samsung en Corée et TSMC à Taïwan. Cette situation d'extrême dépendance avait fortement contribué à l'incapacité de l'Europe à apporter des réponses à la pénurie de semi-conducteurs qui a paralysé de nombreuses industries après la crise sanitaire.

Classification des produits en fonction de la vulnérabilité de leur approvisionnement

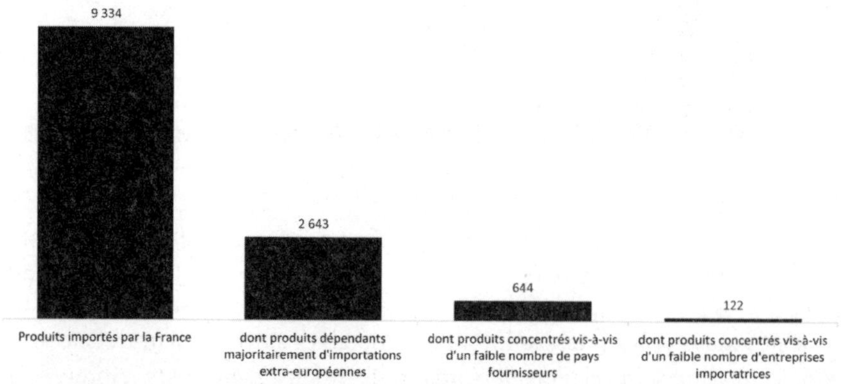

Source : DGDDI, Données DAU-DEB pour 2017.

Cette analyse est très intéressante mais ne nous donne pas d'indications concernant l'importance stratégique des produits en question. Si la France est dépendante d'un faible nombre de pays pour ses importations de friandises, l'impact en cas de crise serait assez limité. Parmi les 122 produits, plusieurs sont cependant sur des secteurs stratégiques comme la chimie, l'agroalimentaire ou la métallurgie.

Produits sur lesquels la France dépend d'un faible nombre d'entreprises

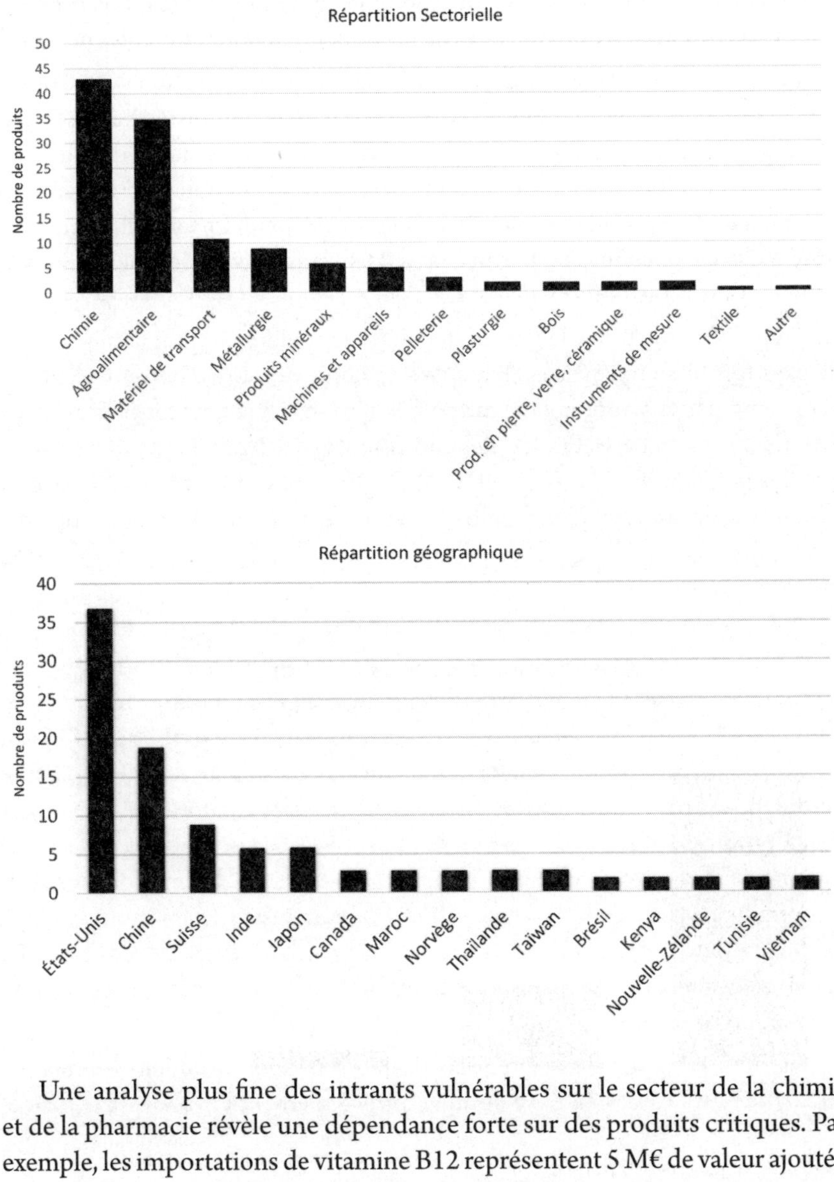

Une analyse plus fine des intrants vulnérables sur le secteur de la chimie et de la pharmacie révèle une dépendance forte sur des produits critiques. Par exemple, les importations de vitamine B12 représentent 5 M€ de valeur ajoutée et sont extrêmement concentrées avec 48 entreprises importatrices, 75 % des importations françaises dans ce domaine provenant de Chine. Cette vitamine est pourtant très importante, car elle est utilisée dans des médicaments indispensables pour le traitement de certains types d'anémies[16].

Sélection d'intrants vulnérables du secteur « Chimie et Pharmacie »

	Nombre d'entreprises importatrices	Part de la plus grande entreprise importatrice dans l'ensemble des importations (en %)	Valeur totale des importations (en milliers d'euros)	Part de la Chine dans l'ensemble des importations (en %)
Acide D- ou DL-pantothénique (vitamine B3 ou vitamine B5) et ses dérivés	104	42	27 527,8	73,9
Carbonate ; carbonates d'ammonium	86	55	15 393,9	72,7
Vitamine B1 et ses dérivés	80	31	14 612,7	69,2
Vitamine B6 et ses dérivés utilisés principalement en tant que vitamines	75	38	7 424,7	68,2
Calcium	42	74	6 588,5	78,4
Vitamine B12 et ses dérivés utilisés principalement en tant que vitamines	48	40	5 263,7	75,6
o-Phénylènediamine, m-Phénylènediamine, p-Phénylènediamine, diaminotulènes et leurs dérivés	27	72	3 316,2	88,5
Dihydrostreptomycine, ses sels, esters et hydrates	12	37	2 856,8	99,2
Inositols	38	56	1 774,6	76,7
Phénylbutazone (DCI)	7	71	235,0	84,7
Malonylurée (acide barbiturique) et ses sels	15	33	105,8	91,9

Source : Tableau du Haut-Commissariat au Plan, d'après les données de la Direction générale des Douanes et Droits indirects (données 2017).

Le Haut-Commissariat au Plan publiait en décembre 2021 une note intitulée *Reconquête de l'appareil productif : La bataille du commerce extérieur*, dans laquelle est identifiée une liste de 900 produits responsables de 80 % du déficit commercial français. Celle-ci recense les produits sur lesquels le déficit commercial était le plus important en 2019 et en 2020 et identifie de nombreux produits critiques sur lesquels la France réalise un déficit commercial important. Parmi ces produits sur lesquels nous sommes devenus dépendants, nous pouvons trouver de nombreux biens essentiels que ce soit pour la santé, l'alimentation, l'énergie ou les réseaux internet, ainsi que de nombreux produits sur lesquels reposent des pans entiers de l'économie, comme l'aluminium ou les semi-conducteurs.

La France réalisait notamment 207 millions d'euros de déficit commercial en 2019 sur les câbles de fibre optique, principalement vis-à-vis de la Chine.

16. https://www.has-sante.fr/upload/docs/application/pdf/ct031541.pdf

Les importations d'aiguilles, cathéters et canules dépassent leurs exportations à hauteur de 535 millions d'euros en 2019, et les importations proviennent principalement des États-Unis. Ce déficit commercial traduit une forte dépendance de la France sur de nombreux produits stratégiques.

Produits pharmaceutiques et dispositifs médicaux			
Poste/produit	**Déficit 2019 (en millions d'euros)**	**Déficit 2020 (en millions d'euros)**	**Principal pays fournisseur (sur la période octobre 2020 - septembre 2021)**
Sérum immunisant	547,996	575,385	États-Unis
Aiguilles, cathéters, canules	535,262	567,65	États-Unis
Héparine (anticoagulant)	435,18	350,277	Singapour
Stimulateurs cardiaques	244,511	247,942	Suisse
Appareils auditifs	193,89	214,865	Singapour
Prothèses dentaires	147,328	117,776	Suisse
Attelles, gouttières	83,058	81,849	Suisse
Endoscopes pour la médecine	73,541	67,418	Japon

Source : Tableau du Haut-Commissariat au Plan, d'après les données de la Direction générale des Douanes et Droits indirects, extraction : septembre 2021.

Machines, outils, équipements professionnels			
Poste/produit	**Déficit 2019 (en millions d'euros)**	**Déficit 2020 (en millions d'euros)**	**Principal pays fournisseur (sur la période octobre 2020 - septembre 2021)**
Accumulateurs au lithium-ion	772,085	921,698	Pologne
Un certain type de chariots de manutention	474,582	374,522	Allemagne
Câbles de fibres optiques	207,351	150,390	Chine
Groupes électrogènes à énergie éolienne	198,098	123,963	Allemagne
Moissonneuses-batteuses	182,314	197,61	Allemagne
Fils pour bobinages pour l'électricité, en cuivre, émaillés ou laqués	125,84	111,057	Espagne
Dispositifs photosensibles à semi-conducteur, y.c. les cellules photovoltaïques	66,162	119,702	Chine
Machines à traire	59,17	54,939	Pays-Bas

Source : Tableau du Haut-Commisariat au Plan, d'après les données de la Direction générale des Douanes et Droits indirects, extraction : septembre 2021.

La résilience des chaînes de valeur et l'exposition de l'industrie française aux crises internationales

La mondialisation commerciale et la spécialisation sectorielle ont donc rendu la France dépendante aux importations pour de nombreux produits critiques. Cette spécialisation s'est appliquée non seulement aux produits finis, mais également à chaque étape de leurs chaînes de valeur. Des nations comme la France ou l'Allemagne pouvaient autrefois produire elles-mêmes l'essentiel des composants de leurs voitures, avions ou médicaments ; désormais, même les produits fabriqués en France intègrent des composants provenant des quatre coins du monde. Aussi, les chocs provenant de l'étranger – fermeture des usines suite au covid-19, rupture des relations commerciales avec la Russie... – ont des répercussions directes sur l'ensemble de l'industrie française.

Suite à la crise du covid-19, les économistes Elie Gerschel, Alejandra Martinez et Isabelle Méjean ont publié une note pour l'Institut des politiques publiques intitulée *Propagation des chocs dans les chaînes de valeur internationales : le cas du coronavirus*. Avant que les confinements ne touchent la France, le covid-19 s'est traduit par la fermeture des usines en Chine et par des mesures de confinement strictes qui ont fortement ralenti l'activité économique. Or, les industries françaises – et celles de nombreux pays – utilisent de plus en plus de produits intermédiaires chinois. Le graphique ci-dessous exprime l'exposition de différents pays aux intrants chinois, c'est-à-dire la part des produits intermédiaires achetés par leurs industriels qui proviennent de Chine. En France, cette part a été multipliée par 5 entre 2000 et 2014. Les intrants chinois ont atteint, en 2014, 3,2 % de la valeur ajoutée.

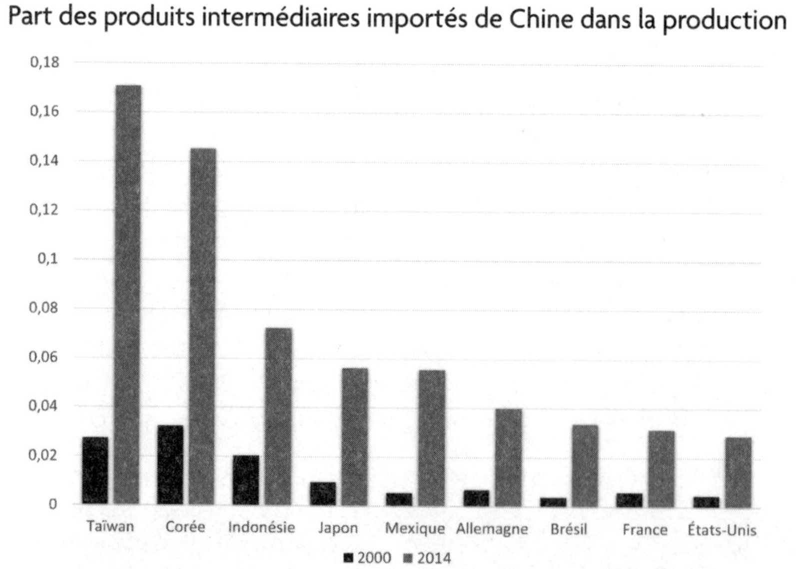

Les chaînes de valeur internationales étant intriquées, la baisse de la production en Chine a un impact sur la production en France. Si les prix des produits chinois doublent, les prix des produits fabriqués en France peuvent théoriquement augmenter de 3 %.

Cette exposition dépend fortement des secteurs. Gerschel *et al.* définissent un indice d'exposition aux importations chinoises pour chaque secteur. Cette exposition est particulièrement importante dans des industries comme le textile, l'électronique ou les transports. Lorsque l'activité ralentit en Chine, certains secteurs économiques français peuvent s'effondrer.

Importations chinoises de produits intermédiaires par secteur

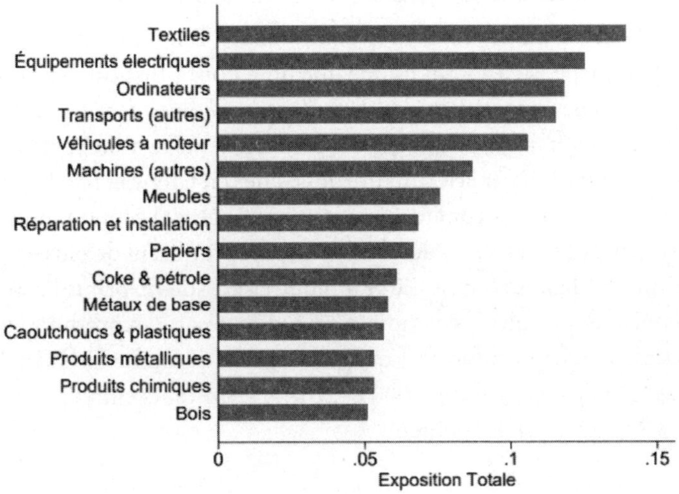

La France a perdu la moitié de sa base industrielle, sous l'effet de politiques de libre-échange, d'une surévaluation de sa devise qui mine sa compétitivité à l'export et de modalités de gouvernance des entreprises inadaptées, qui incitent celles-ci à optimiser leurs profits au détriment des intérêts des salariés et de l'intérêt national, notamment par la délocalisation et l'externalisation d'activités stratégiques. Cette désindustrialisation a renforcé la dépendance de notre pays aux importations de produits et services stratégiques dans de nombreux secteurs, et a créé une exposition significative des industries nationales aux importations de produits intermédiaires fabriqués à l'étranger, notamment en Chine ou aux États-Unis, qui rend la France vulnérable en cas de crise.

Chapitre 3

La relocalisation en France d'activités matures

Section 3.1 – Les politiques de relocalisation

Quels facteurs empêchent la localisation en France d'activités industrielles stratégiques ?

La part de l'industrie dans le produit intérieur brut de la France a été divisée par 2 par l'effet conjugué de délocalisations et de faillites d'entreprises industrielles. Dans les deux cas, le problème est de nature similaire : réaliser l'activité en question à l'étranger est plus rentable que de la réaliser en France. Dans le cas de délocalisations, le groupe finit par décider de fermer une usine française pour réaliser les mêmes activités dans une usine à l'étranger qui peut les réaliser à moindre coût, dans une logique d'amélioration de son taux de marge. De nombreuses faillites qui ont contribué au déclin industriel de la France étaient liées au même enjeu : les concurrents étrangers réalisaient la même activité à moindre coût, et pouvaient donc commercialiser leurs produits à des tarifs défiant toute concurrence.

Ce déficit de compétitivité empêchant une activité industrielle stratégique d'être réalisée en France peut être lié à plusieurs facteurs. Aucun d'entre eux n'est irrémédiable, et une compréhension fine des causes du retard de la France est nécessaire pour concevoir, au cas par cas, une politique efficace de rattrapage.

Premièrement, le **niveau des coûts de production** peut être à l'origine des décisions de localisation des entreprises concernées. Ce coût de production plus faible à l'étranger peut être lié au *coût de la main-d'œuvre*. Une main-d'œuvre bon marché peut être le résultat du niveau de salaire des pays en voie de développement, mais peut également être le produit des externalités d'écosystème : un pays en avance sur un domaine industriel a accès à de nombreux travailleurs formés et compétents, qui bénéficient à toutes les entreprises de l'industrie concernée. Ce coût de la main-d'œuvre peut également être lié à l'accès à des ressources spécialisées, comme les chercheurs en biotechnologies ou en intelligence artificielle qui sont fortement concentrés autour de certains pays.

Mais ce n'est pas le seul facteur potentiellement déterminant : pour de nombreuses activités, le *coût de l'énergie* est également un paramètre clé. Par exemple, selon une étude menée par le Joint Research Center de la Commission européenne[1], 10 à 20 % du coût de production de l'acier est lié au coût de l'énergie. Le coût de l'énergie utilisée pour fabriquer des bobines laminées était en 2019 de 77 € par tonne en Europe, contre 60 € en Chine et 33 € par tonne aux États-Unis, ce qui implique de fortes différences en termes de compétitivité entre les sites de production européens et leurs concurrents américains ou asiatiques. Une politique visant à garantir l'accès à une énergie bon marché aux entreprises industrielles renforcerait la compétitivité d'un certain nombre de secteurs et accélérerait la reconstruction de l'industrie française.

Un second facteur expliquant les décisions de localisation d'entreprises industrielles est lié aux **investissements** importants à réaliser pour constituer des capacités de production sur de nombreux secteurs. Ces investissements sont souvent massifs : il faut investir des centaines de millions d'euros pour construire une usine, et celle-ci n'est souvent opérationnelle qu'après plusieurs années. Aussi, l'industriel qui investit pour relocaliser des capacités de production de produits stratégiques doit réaliser un investissement initial extrêmement important, qui n'est rentabilisé que sur le long terme, avec un niveau de risque important. C'est une logique difficile à proposer à des entreprises privées, qui nécessite une action de l'État soit pour réduire le niveau de risque de l'investissement dans une logique partenariale entre la puissance publique et une entreprise industrielle, soit pour le prendre entièrement en charge.

Exemple de prévisionnel financier d'un investissement de relocalisation

Année	0	1	2	3	4	5	...	10	11	12
Investissement	50	50	50	50	0	0		0	0	0
Ventes	0	0	0	0	50	50		50	50	50
Profits	-50	-50	-50	-50	25	25		25	25	25
Profits cumulés	-50	-100	-150	-200	-175	-150		-25	0	25

Comment relocaliser en France les activités stratégiques sur des secteurs matures ?

La relocalisation en France d'activités industrielles sur les secteurs matures – c'est-à-dire sur les activités faiblement innovantes, nous étudierons le cas des start-ups par la suite – doit donc s'appuyer sur plusieurs piliers.

1. https://www.eurofer.eu/assets/news/eu-technical-report-on-production-costs-from-the-iron-and-steel-industry-in-the-eu-and-third-countries/production_costs_from_the_iron_and_steel_industry_-_final_online.pdf

Le soutien aux investissements industriels : subventions ou nationalisations

Comme nous l'avons vu, les opérations de relocalisation impliquent le plus souvent un investissement massif, qui n'est rentabilisé que sur le très long terme (typiquement, de l'ordre de 15 à 20 ans) avec un niveau de risque élevé. Ce type d'opérations ne peut pas être porté par une entreprise privée, qui a besoin d'un retour sur investissement relativement rapide pour contenter ses actionnaires. Du point de vue économique, cette situation se traduit par de multiples failles de marché, en vertu desquelles l'intervention de l'État est pleinement justifiée :

- **Externalités positives de la souveraineté**. Les investisseurs privés prennent en compte leur intérêt personnel, mais n'internalisent pas les externalités positives qu'implique la relocalisation d'une activité économique stratégique. Au-delà des profits que l'investisseur pourra réaliser, la réduction des dépendances et des risques de rupture de stock, notamment en cas de crise, représentent un bénéfice pour la nation. Par ailleurs, d'autres externalités associées à l'investissement ne sont pas intégrées par l'entreprise : la création d'emplois associée au projet peut permettre une réduction du taux de chômage dans une zone sinistrée, la relocalisation en France d'une activité polluante peut se traduire par une réduction des émissions de gaz à effet de serre…
- **Court-termisme**. Le secteur privé privilégie naturellement les investissements qui trouvent leur rentabilité à court terme sur les investissements dans des projets industriels ambitieux qui ne sont rentabilisés qu'en 10 à 20 ans. S'il est naturel que des acteurs privés rationnels privilégient le court terme au long terme, de nombreux travaux ont démontré que cette myopie dans la prise de décision des acteurs économiques était souvent excessive. Cette faille de marché se traduit par un sous-investissement dans les projets intéressants mais qui ne sont rentabilisés que sur le temps long.
- **Aversion au risque**. Le niveau de risque associé au projet est parfois trop élevé pour qu'un acteur privé puisse s'y engager, l'entreprise et ses actionnaires préférant naturellement des opérations moins risquées même si leurs bénéfices peuvent être plus limités. Le niveau de risque peut par ailleurs être surestimé par l'industriel en raison d'asymétries d'information, notamment lorsque le projet de relocalisation s'appuie en partie sur des débouchés dans le cadre de marchés publics, pour lesquels l'État est décisionnaire.
- **Préparation aux crises**. Les crises comme celle du covid-19 sont à la fois désastreuses et extrêmement rares. La majorité des situations pour lesquelles avoir une industrie résiliente et capable de produire les biens et services les plus stratégiques est essentiel intervient dans le même schéma : qu'on parle de la rupture des relations militaires entre la France

et les États-Unis suite au refus français de soutenir l'intervention américaine en Irak, des pénuries de semi-conducteurs ou des implications industrielles de la guerre en Ukraine, il s'agit d'évènements extrêmement rares mais aux conséquences très importantes. Comme l'a rappelé la crise du covid-19, les évènements à fort impact mais faible probabilité font le plus souvent l'objet de mesures de préparation insuffisantes. Aussi, l'entreprise qui s'engage sur un projet de relocalisation d'activité critique anticipe imparfaitement les revenus supplémentaires qu'elle pourra réaliser en cas de crise.

Sans action de l'État, ces multiples *failles de marché* conduisent à un sous-investissement des acteurs privés dans les activités stratégiques pour la souveraineté nationale. Aussi, une action publique est nécessaire pour permettre à ces relocalisations d'aboutir. Celle-ci peut prendre plusieurs formes.

Tout d'abord, l'État peut subventionner les investissements industriels des entreprises qui relocalisent en France des activités stratégiques. C'est ce qui a été réalisé dans le cadre du plan de relance pour permettre la relocalisation de la production de circuits imprimés, de certains composants nécessaires pour la 5G, de plusieurs médicaments clés pour faire face à la pandémie du covid-19[2]. Dans ce type de configuration, le soutien public permet de limiter le niveau d'investissement nécessaire pour permettre à l'entreprise de réaliser son projet d'investissement. Mais il permet également au projet d'atteindre son point d'équilibre plus rapidement : sur l'exemple précédent, une subvention couvrant la moitié du besoin d'investissement de l'industriel lui permet d'atteindre son retour sur investissement en 7 ans, contre 11 ans sans soutien public.

Exemple de prévisionnel financier d'un investissement de relocalisation – avec soutien public

Année	0	1	2	3	4	5	6	7	8	... 11
Investissement	50	50	50	50	0	0	0	0	0	0
Subvention	50	50	0	0	0	0	0	0	0	0
Ventes	0	0	0	0	50	50	50	50	50	50
Profits	0	0	-50	-50	25	25	25	25	25	25
Profits cumulés	0	0	-50	-100	-75	-50	-25	0	25	100

2. https://www.entreprises.gouv.fr/files/files/enjeux/france-relance/647_dp_laureats_2e_vague_resilience.pdf

Sur l'exemple précédent, on constate que pour des projets dont la rentabilité est atteinte sur le très long terme, une subvention à l'investissement permet de rendre l'opération viable pour un acteur privé. En revanche, la rentabilité du projet décrit ci-dessus questionne : sans soutien public, l'industriel atteignait son retour sur investissement en 11 ans. Avec soutien public, il atteint son retour sur investissement en 7 ans et double sa mise en 11 ans. Un projet qui était trop risqué et insuffisamment rentable pour un acteur privé devient extrêmement profitable.

Alternativement, un projet d'investissement de relocalisation peut être pris en charge par une entreprise publique. Les failles de marché décrites ci-dessus, qui empêchent le financement du projet par un investisseur privé, représentent en effet un rationnel justifiant la prise en charge par l'État de cet investissement. Ces projets sont trop risqués, ne trouvent leur rentabilité qu'à très long terme, et cette rentabilité est fortement liée à des externalités qui ne peuvent pas être prises en compte par un acteur privé. Ils justifient donc un plan d'investissement public comme celui qu'avait porté EDF dans le nucléaire civil dans les années 1970.

La prise en charge par l'État *via* des entreprises publiques des investissements de relocalisation est non seulement possible, mais elle permet également de garantir une bonne gestion des deniers publics dans la mesure où l'investissement initial est finalement rentabilisé, alors que les subventions ne sont jamais remboursées à l'État, même lorsque le projet soutenu est très rentable.

Soutenir la compétitivité et les débouchés des activités relocalisées

La relocalisation d'activités stratégiques ne doit jamais se limiter à un soutien à l'investissement productif. Si une entreprise investit pour relocaliser une activité et découvre que la nouvelle usine n'est pas compétitive par rapport à ses concurrents étrangers, ou qu'elle ne parvient pas à remplir son carnet de commande, elle fermera simplement ses portes. Pour relocaliser de façon pérenne les activités stratégiques sur le sol national, il est indispensable d'accompagner les actions de soutien à l'investissement d'actions visant à (i) garantir la compétitivité des activités relocalisées et (ii) garantir que celles-ci bénéficieront de débouchés.

Pour soutenir la compétitivité des activités relocalisées, plusieurs leviers sont envisageables au cas par cas. Nous avons vu qu'un des facteurs de coûts les plus structurants était le coût de la main-d'œuvre. Si des baisses de salaires ne sont pas envisageables, des investissements peuvent être réalisés pour automatiser ou renforcer la productivité des processus de production. Ces investissements peuvent être accompagnés par des universités et soutenus en partie par l'État dans le cadre du financement du projet. Par ailleurs, la formation des équipes peut être prise en charge par l'État, les collectivités ou les établissements d'enseignement et de recherche à proximité afin de réduire le poids financier que représente le recrutement de collaborateurs qualifiés. Des externalités d'écosystème peuvent être mises en place par la constitution de *clusters* dans le cadre d'une logique plus globale d'aménagement du territoire pour faciliter les actions de relocalisation.

Si des politiques énergétiques visant à garantir une énergie bon marché accéléreraient la réindustrialisation, celles-ci prennent du temps et l'État est incapable de réduire de façon ciblée le coût de l'énergie pour les secteurs stratégiques : une telle politique conduirait nécessairement à faire peser la différence de coût sur les consommateurs ou sur les finances publiques, et serait équivalente à une subvention dont le niveau serait très difficile à maîtriser. Pour certains projets, le mix énergétique peut en revanche être retravaillé pour permettre de réduire le coût de l'énergie utilisée pour la production. Si les usines concernées s'y prêtent, l'installation de pompes à chaleur pour remplacer le gaz dans les usines utilisant beaucoup d'énergie représente par exemple un investissement initial significatif mais permet de réduire le montant annuel dépensé en énergie. Le soutien, y compris financier, à ce type d'investissements qui réduisent le coût de l'énergie utilisée par les activités relocalisées permet de renforcer leur compétitivité tout en réduisant les émissions de gaz à effet de serre.

Exemple, comparaison entre gaz et pompe à chaleur

Année	0	1	2	3
Coût, pompe à chaleur	100	10	10	10
Coût, gaz	20	20	20	20

Le dernier paramètre sur lequel un accompagnement de l'État est nécessaire pour permettre des relocalisations pérennes est le carnet de commandes. Lors de l'examen du projet d'investissement, l'industriel concerné a une incertitude complète quant à ses perspectives commerciales. Sur de nombreux secteurs, l'État est en mesure de garantir un niveau de commandes minimal pour les projets de relocalisation pour limiter les risques sur ce plan. Ce niveau de commandes minimal peut être garanti par le biais de la commande publique ou de négociations avec les clients potentiels de l'activité concernée. Un renforcement des droits de douane sur les activités relocalisées peut également permettre de garantir au projet des débouchés significatifs sur le marché européen, souvent suffisants pour atteindre l'équilibre financier et attaquer les marchés à l'export.

L'étude du cas de Manurhin nous permettra de revenir sur le projet de relocalisation en France de la production de munitions petits calibres, qui intègre une réflexion concernant ces différents leviers. Au-delà de la relocalisation en question, cette étude de cas nous permettra également d'insister sur le caractère interconnecté des problématiques étudiées dans cet ouvrage : les relocalisations ne sont possibles que si les entreprises stratégiques indispensables pour les porter sont en bonne santé financière, et protégées des déstabilisations et prises de contrôle par des intérêts étrangers.

	FACTEURS CLÉS	LEVIERS
INVESTISSEMENTS	Failles de marché : la rentabilité long-terme et le niveau de risque de certaines activités rend certains investissements industriels irréalisables pour des entreprises privées.	Soutien par l'État des investissements des industriels qui relocalisent des activités stratégiques ou.. Financement par des entreprises publiques des investissements de relocalisation
COÛTS DE PRODUCTION	Coût de la main-d'oeuvre : niveau des salaires, accès à certaines ressources spécialisées (ex. travailleurs formés, chercheurs) Coût de l'énergie	Soutien de l'État aux investissements permettant l'amélioration de la productivité. Externalités d'écosystème entre les entreprises privées et les laboratoires, universités, ... (ex. pôles de compétitivité)
DÉBOUCHÉS	Incertitudes concernant l'accès au marché une fois la relocalisation réalisée	Mobilisation de la commande publique, si possible via des engagements de long-terme des acheteurs, pour garantir au projet des débouchés minimaux

Section 3.2 – La relance de la production des manufactures du Haut-Rhin

Fin décembre 2011, la secrétaire générale du Comité interministériel des restructurations industrielles (CIRI) du ministère de l'Économie organise une réunion à Bercy afin de discuter des modalités de redressement du groupe centenaire de l'industrie de défense Manurhin. À l'issue de l'entretien, huit millions d'euros sont injectés dans l'entreprise, dont l'activité semble viable mais qui souffre d'une trésorerie fragile. L'État détient près de la moitié du capital de Manurhin mais offre son contrôle opérationnel à un nouvel actionnaire, le groupe militaire slovaque Delta Defence.

L'ex-dirigeant de Manurhin Rémy Thannberger parvient progressivement à reprendre le contrôle de l'entreprise mais se voit fragilisé par son actionnaire slovaque, dont l'opacité interroge les banques, et par le retrait de l'État qui, après avoir investi des millions d'euros pour redresser l'activité, refuse de recapitaliser l'entreprise puis s'en désengage. Devant le refus des banques publiques et privées de l'aider à financer les décalages de trésorerie caractéristiques des contrats significatifs que signe Manurhin avec des États étrangers, le groupe fait faillite en 2018 et est racheté par le groupe militaire émirien EDIC.

Recapitalisation par des entreprises publiques, prêts directs et avances remboursables du ministère des Armées, garanties Coface des préfinancements et des cautions du groupe, décision avortée de reconstruire une filière française des munitions petits calibres : dans la saga qui commence par la relance des manufactures du Haut-Rhin à partir de 2009 et se termine par leur faillite et leur rachat par les émiriens en 2018, l'État est à la fois omniprésent et totalement absent. Quelles fragilités du dispositif de soutien aux entreprises sensibles du secteur de la défense illustre l'exemple de Manurhin ?

Contexte : Une entreprise stratégique du secteur de la fabrication de munitions

Un groupe industriel centenaire

La manufacture du Haut-Rhin a été fondée en 1919 à Mulhouse par Jules Splenger, pour fabriquer des machines spécialisées pour l'industrie alimentaire et pour l'industrie de la bijouterie. L'entreprise démarre une production de munitions petits calibres en 1922 – qui devient son activité principale – et ouvre en 1928 un site au Mans et en 1936 un nouveau site à Cusset, dans l'Allier, pour éloigner sa production de la frontière allemande. En 1936, le Front Populaire décide de nationaliser de nombreuses usines d'armement, et certains sites de production de munitions de Manurhin passent sous contrôle public.

Après la guerre, Manurhin diversifie sa production et fabrique tant des munitions petits calibres et des armes légères que des scooters et des appareils de mesure pour l'industrie agroalimentaire. L'entreprise se développe sur les marchés asiatiques et moyen-orientaux. Dans les années 1960, Manurhin emploie 4 000 personnes à travers une vingtaine de filiales. Elle est introduite en bourse et fait partie des principales capitalisations du secteur. Les révolvers Manurhin deviennent une référence. Dans les années 1980, les révolvers Manurhin MR 73 sont utilisés par la Police nationale, le Raid et le GIGN, avant que les forces d'élite ne passent au Glock autrichien ou au Beretta italien. Les révolvers de la manufacture de l'entreprise sont utilisés dans de nombreux films.

Le recentrage stratégique vers la fabrication de cartoucheries

En 1978, le conglomérat français Matra, présent dans l'automobile, l'aéronautique, les transports, les télécommunications et la défense, entre au capital de Manurhin en achetant 34 % de son capital. Le groupe devient l'unique actionnaire de Manurhin en 1983. Le nouveau propriétaire de la société décide alors de licencier et de séparer les activités de Manurhin en deux : la production de munitions moyens calibres sur le site de Vichy est rassemblée dans une filiale, la production d'armes et de cartouches à Mulhouse dans une autre.

Dans les années 1990, la société se recentre progressivement sur la fabrication de lignes de production complètes pour l'industrie munitionnaire, branche jugée la plus rentable. Manurhin est rachetée par Giat Industries (désormais appelée Nexter), puis par ses cadres en 1995 et l'activité de fabrication d'armes de poing est cédée en 1999 à Chapuis Armes. Depuis, l'entreprise ne produit plus que des lignes de production de cartouches petits et moyens calibres (du 5,56 à 40 mm) qu'elle commercialise à des États. En 2009, Manurhin est leader de ce marché avec 60 % du parc installé. L'entreprise commercialise ses produits dans plus de 60 pays, à des États et entreprises publiques.

Modèle économique et dispositifs de soutien public

Le modèle économique de l'activité de fabrication de cartoucheries

Manurhin commercialise à des États et à des entreprises publiques des lignes de production de munitions petits et moyens calibres. L'entreprise aide donc des États à construire des usines de fabrication de munitions sur leur territoire, et à y installer les machines nécessaires. Une ligne de production complète coûte entre 25 et 35 millions d'euros, et le contrat occupe Manurhin sur 18 à 36 mois.

L'enjeu principal de la société réside dans les modalités de règlement du contrat, qui diffèrent fortement selon les États. Certains pays payent l'intégralité du montant nécessaire à la signature du contrat, alors que d'autres ne règlent qu'un acompte de 10 à 15 % du montant et payent le reste à la livraison. À titre d'exemple, l'Inde et le Pakistan acceptent des prix plus élevés mais imposent à leurs fournisseurs des conditions contraignantes en matière de règlement. Ces contrats impliquent donc un *besoin de fonds de roulement* important, que l'entreprise doit être capable de financer soit *via* ses fonds propres, soit en empruntant.

Modèle économique et besoins de fonds de roulement de Manurhin

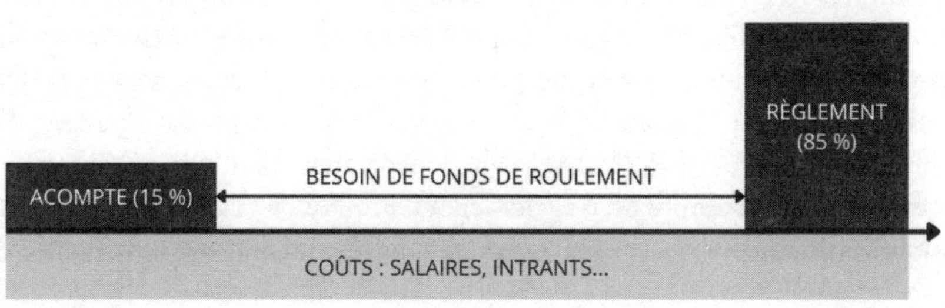

Le soutien public aux exportations stratégiques

Pour un contrat entre deux PME françaises, les banques peuvent évaluer relativement simplement les risques associés à la transaction. Les contrats sont exécutés excepté dans certaines conditions relativement prévisibles (faillite...) sous le contrôle de la justice française, et l'état financier des entreprises concernées permet d'évaluer les risques de façon relativement fiable et de proposer à l'emprunteur, en fonction, un taux d'intérêt proportionné au risque encouru par la banque. En revanche, à l'international, les banques françaises connaissent des difficultés pour évaluer les risques, d'autant plus imprévisibles lorsque le contrat implique une PME française et un État souverain étranger. Il s'agit d'une *faille de marché* liée à l'asymétrie d'informations entre les contractants et la banque, qui empêcherait potentiellement les industriels français d'exporter leurs produits à des partenaires de la France dont la situation politique, économique ou autre est difficile à évaluer pour les banques.

Conscients de cette faille de marché, la majorité des grands pays s'appuient sur un système d'assurance-crédit pour soutenir les exportations de produits stratégiques (ExIm Bank aux États-Unis, Euler Hermes en Allemagne...). En France, cette garantie était gérée – au nom, pour le compte et sous le contrôle de l'État – par Coface et a été reprise par Bpifrance en 2016. Une entreprise comme Manurhin qui souhaite vendre au Sultanat d'Oman une usine de fabrication de munitions petits calibres peut ainsi proposer à sa banque d'assortir l'emprunt qui lui permet de financer son besoin de fonds de roulement d'une garantie publique.

Une **garantie des préfinancements** peut ainsi être apportée par Bpifrance afin de garantir à hauteur de 80 % les crédits permettant de financer les besoins de trésorerie liés à la première phase d'un contrat export. Une assurance investissement contre les **risques politiques** est également proposée pour les investissements à l'étranger, dans le cadre de laquelle l'État couvre à 95 % les risques de non-recouvrement ou d'atteinte à la propriété liés à des décisions d'un État étranger ou à des violences politiques.

Pour de nombreux contrats notamment à l'export, l'acheteur peut également être amené à demander à l'entreprise une caution qui lui permet d'être remboursé en cas de défaillance contractuelle ou de non-respect d'une obligation légale. Ces cautions sont fournies à l'exportateur par sa banque, et font également l'objet d'une garantie publique visant à soutenir les entreprises exportatrices. L'État fournit ainsi à la banque, *via* Bpifrance, une **garantie des cautions** qui couvre à hauteur de 80 % le risque de non-remboursement des sommes dues, en situation de carence ou d'insolvabilité judiciaire. Une **caution de restitution d'acompte** peut également être fournie au client pour lui garantir qu'il récupérera son acompte en cas de déroulement anormal du contrat.

En vertu de l'article 15 de la loi numéro 49-874 du 5 juillet 1949, « *le ministre de l'Économie, des Finances et de la Relance est autorisé à accorder la garantie de l'Etat à des opérations de commerce extérieur qui présentent un caractère essentiel pour l'économie nationale. La garantie de l'État est accordée [par le ministre] après avis de la commission consultative dite commission des garanties et du crédit au commerce extérieur* ». Les entreprises qui souhaitent recevoir une garantie de cautions ou de préfinancement pour leur emprunt bancaire doivent se rapprocher de Bpifrance Assurance Export. Pour les petits projets dont le risque est limité, Bpifrance peut par délégation du ministre accorder des garanties sans consulter l'État. La *commission interministérielle des garanties et du crédit au commerce extérieur* se réunit toutes les deux semaines afin d'examiner les projets les plus conséquents ou les plus risqués, financièrement ou politiquement, et rend au ministre de l'Économie, des Finances et de la Relance un avis. La décision finale revient au ministre.

Du redressement de Manurhin à la cessation de paiement

Difficultés et redressement de Manurhin

Rémy Thannberger est un avocat spécialiste du droit des affaires qui s'est spécialisé depuis 1998 dans l'introduction en bourse de petites et moyennes entreprises et a permis à plusieurs centaines de PME françaises de lever de l'argent sur les marchés financiers. Natif de Mulhouse où est basée la manufacture, son grand-père avait travaillé pour les manufactures du Haut-Rhin qu'il connaît bien, et dont il suit l'activité de près. En 2009, alors que Manurhin est dans une situation financière difficile, Rémy Thannberger est sollicité par le ministre de la Défense de l'époque Hervé Morin pour définir un plan de redressement de l'activité du groupe.

Ancien fleuron national en déclin, Manurhin a un carnet de commandes solide mais réalise des pertes et ses fonds propres sont insuffisants pour lui permettre d'honorer ses nouveaux contrats. L'entreprise est détenue depuis les années 1990 par un groupe de cadres dont beaucoup cherchent finalement à se désengager et ne sont pas en mesure de participer à une recapitalisation. Le dirigeant de Manurhin, Pierre Baechelen, envisage de céder l'entreprise à son concurrent allemand Fritz Werner ou à la société belge New Lachaussée. Cette cession n'aboutit pas et Baechelen prend contact avec Delta Defence, groupe militaire slovaque spécialisé dans la production d'armement (missiles, lance-roquettes, blindés…), qui propose en août 2010 de prendre le contrôle de Manurhin.

Après avoir conseillé le ministère de la Défense sur les modalités de financement du besoin de fonds de roulement du groupe alsacien, Rémy Thannberger est entré à son capital en 2009 et a rejoint le conseil d'administration du groupe. Il ne souhaite pas que ce qu'il considère comme une entreprise stratégique passe sous contrôle étranger et il cherche à monter un tour de table concurrent à l'offre de reprise de Delta. Fin 2010, il participe à une augmentation de capital de 2,35 M€ pour reconstituer les fonds propres du groupe aux côtés du Belge New Lachaussée qui reste minoritaire. Il introduit l'entreprise en bourse sur le marché libre d'Euronext. Rémy Thannberger devient l'actionnaire de référence du groupe avec 34 % des parts et est nommé président-directeur général.

L'ancrage français de Manurhin est préservé, mais la situation financière du groupe reste préoccupante en raison d'un manque de fonds propres. En 2011, Rémy Thannberger sollicite de nombreux investisseurs pour réaliser une augmentation de capital. Le Comité interministériel des restructurations industrielles (CIRI) est saisi en raison de la situation financière préoccupante du groupe et de l'importance stratégique de l'entreprise, suivie de près par le ministre de la Défense Gérard Longuet malgré les réticences de la Direction générale de l'armement qui estime que l'entreprise n'est pas stratégique pour la défense nationale. Gérard Longuet demande au fonds d'investissement public Sofired, société directement détenue par l'État créée en 2009 (et intégrée à Bpifrance par la suite) pour accompagner les restructurations territoriales engagées par le ministère de la Défense, d'étudier l'option d'une intervention au capital de Manurhin. Le groupe public Giat Industries, ancien propriétaire de Manurhin, est également sommé d'étudier le dossier.

Le besoin de fonds propres est évalué à 20 millions d'euros. L'État décide de participer à la recapitalisation de l'entreprise à hauteur de 4 millions d'euros *via* Giat Industries et Sofired. L'industriel slovaque Delta Defence propose d'investir 3 millions d'euros, mais exige en échange d'obtenir le contrôle opérationnel du groupe Manurhin. La secrétaire générale du CIRI Fanny Letier accepte, et demande au Groupe Thannberger de réinvestir 1 million d'euros afin d'assurer un parfait équilibre entre contribution publique et investissement privé (4 M€ + 4 M€).

Répartition du capital après la levée de fonds de 2011

Bloc d'actionnaires	Montant investi	Pourcentage du capital détenu post-levée
État	4 M€	43 %
Delta Defence	3 M€	34 %
Rémy Thannberger	1 M€	17 %
Petits porteurs	–	6 %

Les difficultés de Manurhin avec son actionnaire slovaque

La gouvernance du groupe Manurhin est constituée de deux institutions : un directoire dont le rôle est de gérer et d'administrer l'entreprise, et un conseil de surveillance qui fixe les grandes orientations stratégiques de l'entreprise et contrôle sa gestion. Suite à la prise de contrôle opérationnelle de Delta Defence, le groupe slovaque obtient l'autorisation de nommer 2 des 3 directeurs de l'entreprise. Le conseil de surveillance du groupe est paritaire et comprend 2 représentants de Delta Defence, 2 représentants du pôle public, et est présidé par Rémy Thannberger.

Les Slovaques se montrent mauvais gestionnaires, et les actionnaires publics et privés sont amenés à les soupçonner d'une volonté de captation technologique. Un ancien cadre de l'entreprise témoigne notamment des soupçons qu'ont les autres actionnaires à l'époque, ceux-ci allant jusqu'à se demander si Delta ne cherche pas à « piller la boite ». Les dirigeants ne donnent plus d'informations fiables au conseil de surveillance, ce qui pousse les actionnaires publics à demander leur révocation. En octobre 2013, le directoire slovaque est révoqué et un manager de transition est nommé à la demande du pôle public composé de Giat et Sofired.

Fin 2013, Manurhin signe le contrat commercial le plus important de son histoire avec le Sultanat d'Oman, visant à doter le pays d'une capacité industrielle complète de munitions petits calibres pour un montant total de l'ordre de 80 millions d'euros. Une nouvelle augmentation de capital est réalisée mi-2014, au cours de laquelle les actionnaires publics refusent de se reluer. Delta renforce sa présence au capital, et le désengagement implicite du premier actionnaire de Manurhin envoie un mauvais signal pour la suite, notamment aux partenaires bancaires de la société. En février 2016, Rémy Thannberger rachète les participations de Bpifrance et Giat Industries et contrôle avec le directeur général de la société Robert Nguyen 52 % de la société.

Des difficultés bancaires à la cessation de paiement

À court de liquidités, Manurhin parvient en 2015 à contracter un prêt de 20 millions d'euros auprès de la banque nationale du Sultanat d'Oman. Le ministère des Armées accorde à l'entreprise une avance remboursable de 5 millions d'euros au titre du fameux « article 90 » qui permet à l'État de soutenir les entreprise du secteur de la défense, mais la moitié de l'aide seulement sera finalement décaissée.

En 2016, après 4 ans de croissance, 3 années de bénéfices et des fonds propres reconstitués à hauteur de 10 millions d'euros, la Banque Populaire d'Alsace est prête à accorder à Manurhin un crédit mais souhaite que Bpifrance intervienne à ses côtés. Bpifrance envisage de participer et les deux banques engagent une *due diligence*. Au terme de l'analyse, les deux banques estiment que les éléments à leur disposition sur l'identité du bénéficiaire ultime de l'actionnaire slovaque ne sont pas suffisants, et refusent de participer pour des questions de conformité, alors que la prise de contrôle de Manurhin par ce même actionnaire avait été acceptée par la Direction Générale du Trésor quelques années plus tôt.

En l'absence de solutions pour financer son besoin de fonds de roulement, Manurhin est contrainte de ralentir sa production à partir de juin 2016. Le chiffre d'affaires de l'entreprise est divisé par 2, et l'entreprise réalise de lourdes pertes, à hauteur de 17 millions d'euros en 2016, qui anéantissent les années d'efforts qui avaient permis à Manurhin de reconstituer sa trésorerie.

Malgré un carnet de commandes de près de 100 millions d'euros, le groupe entre en procédure de sauvegarde en 2017 et en redressement judiciaire en juin 2018. Six offres de reprise sont formulées, par les Français ECM Technologies et Odyssée Technologies, Delta Defence, le groupe tchèque CSG, l'ancien actionnaire belge New Lachaussée et la société militaire émirati EDIC. L'offre d'EDIC, qui promet d'apporter 10 millions d'euros en capital, de financer les projets de l'entreprise à hauteur de 35 millions d'euros et de préserver 104 des 135 emplois, l'emporte. Le projet du groupe n'est pas complètement désintéressé, puisque les Émirats Arabes Unis envisagent au même moment de construire de nouvelles lignes de production de cartouches pour un montant de l'ordre de 60 millions d'euros. Trois ans plus tard, après avoir esquissé un revirement stratégique priorisant les ventes de machines individuelles plutôt que les lignes de production complètes – rentables mais impliquant des revenus peu récurrents –, le groupe renommé Manufacture du Haut-Rhin continue à réaliser des pertes.

Résultats et carnet de commande de Manurhin

	2011	2012	2013	2014	2015	2016	2017
Chiffre d'affaires (M€)	5,3	16,8	38	50,6	60,8	31	12
Carnet de commandes	100	135	148	114	-	90	85

Résultats et carnet de commande de Manurhin

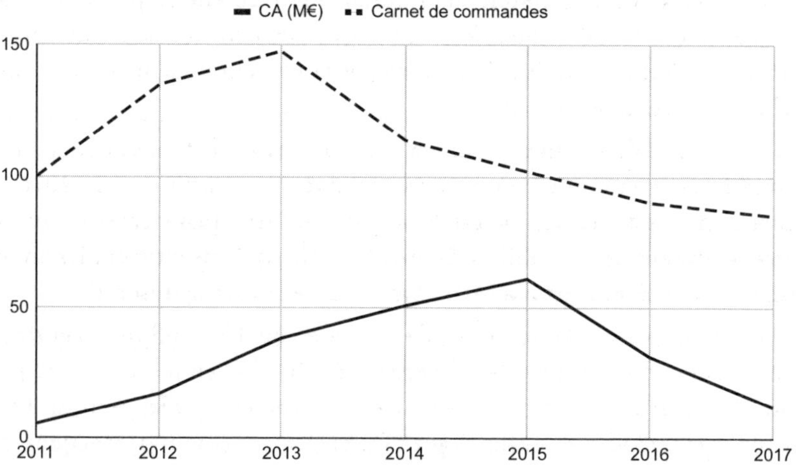

La filière française des munitions petits calibres

La France est-elle encore capable de mener une guerre de haute intensité ?

Pendant des décennies, l'armée française a été confrontée à des guerres asymétriques, visant à maintenir la paix dans des pays en guerre civile ou dont le gouvernement est menacé, ou à lutter contre des groupes terroristes, en Irak ou au Mali contre l'État Islamique ou Al Qaïda. Il s'agissait de frappes ciblées, de prises de contrôle rapides, tant les forces françaises et occidentales étaient supérieures en nombre et en capacités technologiques à celles des belligérants.

Ce qui se produit actuellement en Ukraine, et avant cela au Haut-Karabakh, démontre que des conflits de plus forte intensité sont possibles. La France est-elle préparée pour les prochaines guerres, si celles-ci impliquent des prises de terrain progressives, des pertes humaines et un engagement important d'hommes et de matériel militaire ? Le président de la Commission des Affaires étrangères et de la Défense du Sénat indiquait début 2022 qu'étant donné notre stock de munitions, missiles…, les forces armées françaises connaîtraient de vraies difficultés au bout de 15 jours en cas de conflit de haute intensité.

La relocalisation en France de la fabrication de munitions petits calibres

L'armée française a abandonné en 2016 le Famas – Fusil d'assaut des manufactures de Saint-Etienne –, fabriqué en France et qui équipait nos forces armées depuis les années 1960, au profit du fusil d'assaut allemand HK416. En matière de munitions petits calibres, la France ne dispose plus d'usine depuis 1999 avec la fermeture d'un site de Giat Industries basé au Mans. Les forces françaises sont contraintes de s'approvisionner auprès de fournisseurs étrangers, notamment du groupe américain Alliant Techsystems, et notre stratégie pour garantir notre approvisionnement en cas de conflit consiste à constituer des stocks à partir de munitions achetées sur un marché mondial.

Cette situation est-elle pérenne ? Si des stocks sont constitués et un approvisionnement diversifié existe, un conflit de haute intensité pourrait se traduire par un besoin important de munitions pour les armées françaises, et rien ne garantit que les fournisseurs étrangers soient capables de répondre dans des délais acceptables à une forte augmentation des besoins de munitions de la France. Un rapport de la Commission de la Défense nationale et des Forces armées indiquait notamment début 2022 qu'un effort de 6 à 7 milliards d'euros devait être réalisé sur la prochaine loi de programmation militaire pour remettre à niveau les stocks de munitions des armées françaises, insuffisants pour faire face à un conflit de haute intensité dans la durée.

En 2017, le ministre de la Défense Jean-Yves Le Drian a annoncé constituer une filière française de munitions petits calibres par un partenariat entre trois industriels français, le leader mondial des munitions de chasse Nobel Sport, Thalès et Manurhin. L'investissement à réaliser pour ce projet était estimé à 100 millions d'euros, entre l'achat du terrain, le recrutement du personnel et l'installation d'une chaîne de production. L'objectif était d'être capables de fabriquer 100 millions de cartouches par an, vendues aux armées françaises et exportées. Le projet serait financé par l'État ou par les industriels partenaires du projet, avec la garantie de commandes régulières et sur plusieurs années des armées françaises. La rentabilité du projet était assurée par cette visibilité offerte par l'État concernant les commandes.

Ce projet a immédiatement soulevé un certain nombre de réticences des acteurs de l'industrie de l'armement et de la sphère étatique. Le directeur de la section technique de l'armée de Terre indiquait lors de son audition à l'Assemblée nationale qu'on « *ne peut pas acheter des munitions moins bonnes sous prétexte qu'elles sont françaises. Or la concurrence est exacerbée et le niveau mondial très relevé. Si un Français peut s'aligner, tant mieux pour lui ! S'il est bon, il sera retenu. Et s'il est un peu plus cher que les autres ? Il appartiendra à la DGA de décider, puisque c'est elle qui est responsable des acquisitions. Mais dans un marché en concurrence, il faut justifier le choix d'un fournisseur plus cher que les autres* ». Nexter indiquait qu'il « *serait techniquement possible de recréer la filière des munitions de petits calibres mais que cela impliquerait des coûts très élevés, nous empêchant d'atteindre une compétitivité suffisante par rapport à nos concurrents qui disposent déjà d'une base industrielle et de marchés* ».

Le projet a finalement avorté, le ministère des Armées concluant que l'usine « *ne serait pas compétitive au niveau mondial, malgré un important investissement initial de l'État, et qu'il serait difficile de gagner des marchés à l'exportation. Par ailleurs, la sécurisation juridique des commandes à passer pour permettre le démarrage d'un tel projet n'était pas assurée* ». Le délégué général à l'armement Joël

Barre, auditionné à l'Assemblée nationale, explique quant à lui ce retrait par une absence d'enjeu en matière de souveraineté : « *il y a eu un débat sur l'opportunité de développer une filière de munitions de petits calibres en France. Nous avons estimé que ce projet ne se justifiait pas sur le plan économique, car il nécessiterait un investissement d'au moins 100 millions d'euros, alors que notre marché de munitions de petits calibres se chiffre, de mémoire, à quelques millions par an, sur un marché mondial qui dépasse le milliard. Or nous avons, pour acheter des munitions de petits calibres, des fournisseurs un peu partout dans le monde, y compris en Europe. Nous considérons donc que nous ne sommes pas dans une situation de dépendance et qu'il n'y a pas de risque pour notre souveraineté* ».

Section 3.3 – Les enjeux industriels de la conquête spatiale

La conquête de l'espace, enjeu de souveraineté

La constellation Starlink, avantage stratégique pour les États-Unis

Le 24 février 2022, Vladimir Poutine intervient à la télévision pour annoncer le début de la tentative d'invasion de l'Ukraine par l'armée russe. Les forces terrestres russes entrent en Ukraine et une vaste campagne de bombardements est menée, ciblant notamment des infrastructures civiles et militaires clés. Dans plusieurs parties du pays, l'accès à internet et aux réseaux de communication est compromis.

Deux jours plus tard, le ministre ukrainien de la Transformation numérique Mykhailo Fedorov interpelle le milliardaire américain Elon Musk sur Twitter. « *Vous essayez de coloniser Mars, alors que les russes essayent d'occuper l'Ukraine. [...] Nous vous demandons de fournir à l'Ukraine des stations Starlink* ». Quelques heures plus tard, le propriétaire de l'entreprise spatiale SpaceX confirmait que sa constellation de satellites Starlink sécuriserait l'accès de l'Ukraine à internet malgré les tentatives russes de détruire ou brouiller les réseaux de télécommunication de leur adversaire.

L'avance technologique qu'a apportée aux États-Unis le fournisseur d'accès à internet par satellite Starlink, directement géré par le fabricant de fusées SpaceX, a changé le cours du conflit russo-ukrainien. L'entreprise d'Elon Musk est la première à avoir choisi de lancer des milliers de satellites sur une orbite terrestre basse, permettant de diminuer la latence de l'accès à internet par rapport à ses concurrents dont les satellites sont placés sur une orbite géostationnaire plus éloignée de la terre. La constellation de satellites lancée par Elon Musk comptait en juin 2022 environ 2 000 satellites opérationnels, offrant un accès à internet par satellite à un demi-million de clients dans une dizaine de pays. En comparaison, le fournisseur d'accès à internet par satellite européen OneWeb avait en 2022 pour objectif de mettre sur orbite basse environ 600 satellites, dont 464 étaient déjà lancés au mois d'octobre. L'Europe accuse un retard en matière d'exploitation de l'espace alors que la maîtrise du spatial est notamment critique pour fournir à ses citoyens un accès souverain à internet et à ses armées et services de renseignement des capacités d'observation des zones de conflit indépendantes des États-Unis.

Le retard européen en matière d'accès à l'espace

L'Europe accuse également un retard en matière d'accès à l'espace. Les États-Unis ont réussi 76 lancements de fusées en 2022, dont 61 par SpaceX, la Chine en a réalisé 61, mais l'Europe n'a lancé que 5 fusées l'année dernière. Alors que le budget de la NASA était de 24 milliards de dollars en 2022, les États membres de l'Union européenne se sont félicités de la revalorisation de 17 % du budget de l'European Space Agency pour atteindre 16,9 milliards d'euros, mais sur une période de 3 ans qui couvre 2023, 2024 et 2025.

Les moyens déployés par les États-Unis expliquent l'avance technologique et industrielle qu'a pu prendre SpaceX. L'entreprise d'Elon Musk, fondée en mars 2002 par l'ex-dirigeant de Paypal pour développer une technologie de lanceurs réutilisables réduisant drastiquement le coût des lancements de fusées, a signé un contrat à près de 400 millions de dollars avec la NASA en 2006 avant même son premier lancement. Entre 2002 et 2015, SpaceX a perçu plus de 5,5 milliards de dollars grâce à des contrats avec la NASA et l'armée américaine. Le développement de l'entreprise d'Elon Musk continue d'être accéléré par ses contrats gouvernementaux. Un contrat de 650 millions de dollars avec l'U.S. Air Force a été signé en 2020, et un contrat de près de 3 milliards d'euros avec la NASA a été conclu en avril 2021 pour travailler sur le lancement de vols commerciaux transportant des humains vers la lune. Elon Musk a signé en 2022 un nouveau contrat estimé à 1,4 milliard de dollars pour réaliser 5 missions supplémentaires visant à envoyer des astronautes sur la Station Spatiale Internationale. Ces contrats gouvernementaux, s'ils correspondent à de vrais besoins pour les États-Unis, sont signés à des prix significativement plus élevés que les lancements effectués pour des entreprises privées. Ils constituent une forme de subvention indirecte de l'État fédéral américain à SpaceX, qui contribue à garantir la compétitivité de son offre face à la concurrence internationale.

La reconstruction d'une industrie spatiale européenne

Le soutien à l'innovation dans le secteur spatial

Le soutien étatique qui a permis à SpaceX de devenir en 20 ans le leader mondial du spatial doit servir d'exemple pour une refonte des modalités de financement de l'industrie spatiale européenne. La société d'Elon Musk a été soutenue par des tours de financement en capital-risque d'un ordre de grandeur inatteignable en Europe, avec 10 milliards de dollars levés depuis sa création. SpaceX a levé 100 M$ pour le tour de seed qui a suivi sa création en 2002, a annoncé mi-2022 une levée de fonds de 250 M$ et fin 2022 une nouvelle levée de fonds de 750 M$ malgré la récession et un contexte difficile pour l'industrie du capital-risque. En comparaison, le nombre d'entreprises qui ont levé plus de 500 M€ en France en 2021 ou en 2022 se compte sur les doigts d'une main. Le niveau de risque du secteur spatial et sa dépendance aux décisions étatiques complexifient d'autant plus les levées de fonds des acteurs du secteur.

Le soutien aux start-ups du spatial est pourtant indispensable pour permettre aux futures générations d'Ariane de rivaliser avec leurs concurrents américains et chinois. ArianeGroup a déjà engagé une réflexion sur le sujet qui a conduit à la constitution et au financement de la spin-off Maïa Space pour développer une technologie de mini-lanceurs réutilisables appliquée à la mise sur orbite basse de petits satellites de moins d'une tonne. La structuration autour d'ArianeGroup d'un écosystème de start-ups soutenues par des contrats publics et des financements massifs publics et privés permettra de rattraper notre retard technologique en intégrant aux futures générations de lanceurs lourds les innovations que les acteurs du NewSpace développent pour leurs petits lanceurs.

La constitution d'un véritable marché européen du spatial

Au-delà du soutien financier accordé par l'État fédéral américain à SpaceX, le nombre de lancements réalisés par le gouvernement américain pour des besoins militaires ou scientifiques a permis à SpaceX d'industrialiser son offre. Avec 31 lancements en 2021 et 61 en 2022, le modèle d'affaires de SpaceX qui s'appuie sur la réutilisation du lanceur de sa fusée Falcon 9 permet d'économiser plusieurs dizaines de millions d'euros en moyenne par lancement. La future fusée européenne Ariane 6 devrait permettre une baisse des coûts de 40 % par rapport à l'actuelle Ariane 5 grâce à une série d'innovations technologiques, mais ce nouveau lanceur n'est prévu que pour 11 à 12 décollages par an. En fabriquant 11 fusées par an contre 60 pour son concurrent, ArianeGroup ne peut pas réaliser les mêmes économies d'échelle que SpaceX ni s'appuyer sur l'utilisation de lanceurs réutilisables qui n'ont de sens qu'avec un grand nombre de lancements. Les investissements massifs nécessaires pour garantir notre souveraineté en matière d'accès à l'espace ne sont pas réalisables par la France, l'Italie ou l'Allemagne seules, et rendent une action coordonnée à l'échelle européenne indispensable. Pour rattraper son retard dans le domaine spatial, l'Europe doit assumer une massification des lancements réalisés par ses armées pour leurs besoins militaires, par l'ESA pour des besoins scientifiques, et par un secteur privé accompagné par les États pour constituer des constellations de satellites dont le lancement sera réalisé en priorité par les fusées Ariane.

Certes, au moment où les États membres décident de revaloriser le budget de l'Agence spatiale européenne, notre industrie est au point mort. Ariane 6, qui devait être mise en service en 2020, a pris près de 4 ans de retard avec un premier lancement prévu fin 2023. L'Europe dépendait de la fusée russe Soyouz pour le lancement de ses satellites de taille moyenne, et s'est vue couper l'accès aux fusées russes en février 2022 en représailles des sanctions européennes pour la tentative d'invasion de l'Ukraine. En décembre, le premier lancement commercial du lanceur léger européen Vega-C, qui devait permettre de mettre sur orbite nos petits satellites, s'est soldé par un échec, révélant une défaillance du deuxième étage de la fusée qui l'a obligé à dévier de sa trajectoire 3 minutes après le lancement.

Ces difficultés récentes du secteur spatial européen ne doivent pas nous conduire à accepter une dépendance pérenne aux États-Unis en matière d'accès à l'espace. L'espace est devenu une infrastructure critique pour la souveraineté des nations, et sa maîtrise représente pour le XXIe siècle ce que le contrôle des mers était à l'ère préindustrielle. La flotte française ne comptait qu'une trentaine de bâtiments mal équipés lorsque Jean-Baptiste Colbert est nommé intendant des finances de Louis XIV en 1661. Sous l'impulsion de Colbert, la France s'est dotée d'une marine moderne comptant plus de 150 bâtiments à la fin du XVIIe siècle et est devenue en quelques décennies la deuxième puissance maritime du monde. À la veille de la Révolution Française, la marine française est une des meilleures au monde avec 280 vaisseaux, frégates et bâtiments légers, 80 000 inscrits maritimes dont 1 600 officiers.

Les récentes difficultés de l'industrie spatiale européenne doivent conduire les États à réaffirmer leur ambition en matière d'accès à l'espace. Pour que l'Europe devienne une puissance spatiale de premier plan, les États doivent impulser une massification des investissements publics et privés au capital des acteurs innovants du secteur et, en parallèle, permettre la constitution d'un véritable marché domestique dont le nombre de lancements de fusées rivalisera avec celui des États-Unis ou de la Chine.

CHAPITRE 4

Le soutien aux secteurs stratégiques d'avenir

Section 4.1 – L'ancrage français des start-ups stratégiques

Forces et faiblesses de l'écosystème français du financement de l'innovation

Une innovation, qu'elle soit ou non stratégique, passe par différentes phases de développement. Elle commence le plus souvent par une phase de recherche au sein d'un laboratoire, d'une entreprise établie ou du cerveau d'un des fondateurs. Il faut ensuite réaliser l'*amorçage* de l'entreprise, c'est-à-dire rassembler les financements nécessaires pour permettre le développement du produit ou de la solution qui peut prendre de quelques mois à plusieurs années. Une fois la solution développée, l'entreprise doit réaliser son *développement* notamment sur le plan commercial, c'est-à-dire investir dans le recrutement d'une équipe dédiée aux ventes pour démarcher des clients et atteindre l'équilibre financier.

Ces phases d'amorçage – qu'on appelle le *seed* – et de développement sont le plus souvent financées par le biais de levées de fonds : des investisseurs, souvent des fonds de capital-risque, financent le développement de la société en échange d'actions. Une fois que l'entreprise s'est développée, a atteint la maturité et l'équilibre financier, les investisseurs initiaux doivent récupérer leur mise ainsi qu'une plus-value. Ils peuvent le faire en se versant des dividendes sur les résultats de l'entreprise, ou, le plus souvent, en revendant leurs actions. Pour revendre leurs actions, deux options : l'entreprise peut être rachetée par un fonds ou un industriel du secteur ou, alternativement, elle peut choisir de s'introduire en bourse. C'est ce qu'on appelle l'*exit*, l'évènement qui permet aux investisseurs de la start-up de sortir de son capital.

Si l'écosystème français est solide du côté de la recherche et de l'amorçage des start-ups technologiques, (i) les lacunes de notre système de financement des levées de fonds *late stage* des start-ups et (ii) l'absence de perspectives d'*exits* en France sur certains secteurs se traduisent par le basculement de nombreuses entreprises technologiques stratégiques vers l'étranger, notamment vers les États-Unis.

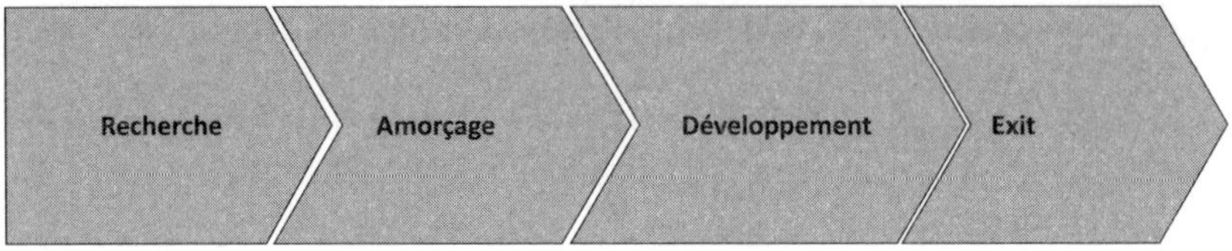

Recherche	Amorçage	Développement	Exit
Recherche publique ou privée le cas échéant.	Création de l'entreprise, souvent accompagnée d'une levée de fonds de l'ordre de 500 k€ à quelques M€ pour construire le produit, trouver le bon marché, etc. (Appelé « seed » ou série A)	Une fois le produit développé et le marché identifié, une levée de fonds de plusieurs millions d'euros est nécessaire pour financer le **développement commercial** de l'entreprise. (Appelé série B, C, ...)	Les investisseurs veulent être rémunérés. Pour vendre leurs titres, 2 options principales : => **Rachat** de l'entreprise => **Introduction en bourse**

Le problème du financement late stage *des start-ups technologiques*

Sur les 10 dernières années, l'écosystème français du financement des start-ups s'est considérablement renforcé. Le montant annuel levé par les start-ups en France est passé de 900 millions d'euros en 2014 à 3,6 milliards d'euros en 2018, et a continué à progresser depuis. En revanche, cette progression s'est concentrée sur les petites opérations. Le nombre d'opérations d'amorçage et de série A a fortement augmenté, et le montant moyen des séries B a été multiplié par près de 3.

Montants annuels levés par les start-ups en France (Md€), rapport Tibi

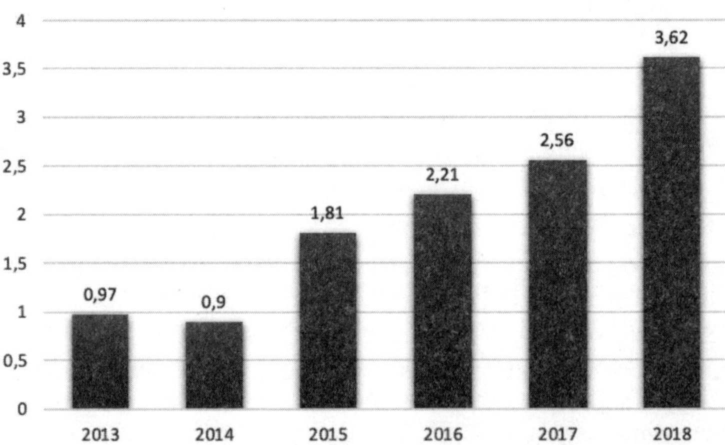

Nombres de levées de fonds et montant moyen, rapport Tibi

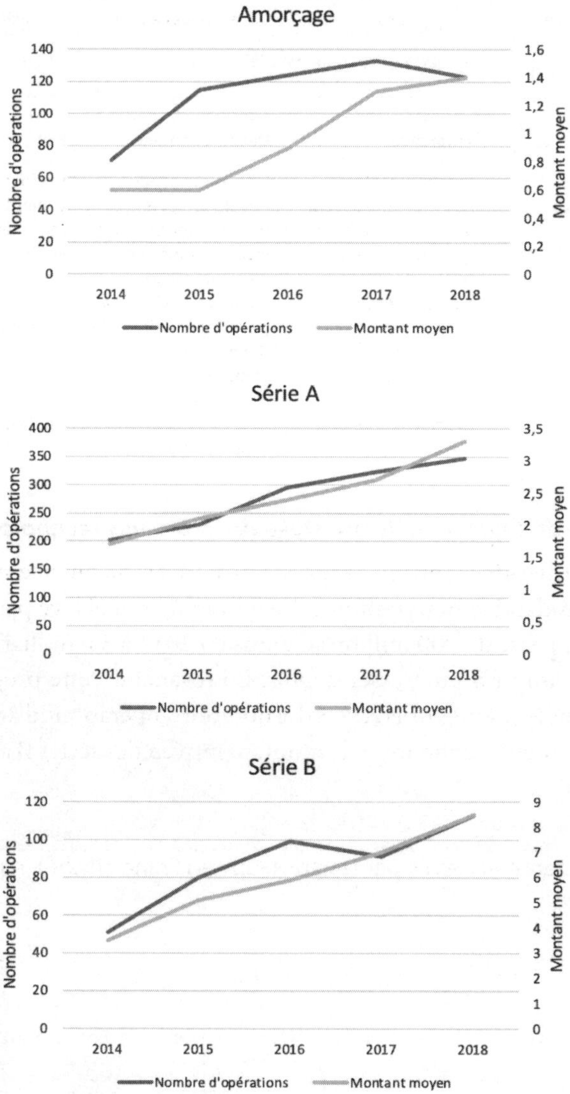

Malgré ces progrès, le rapport remis par Philippe Tibi au ministre de l'Économie intitulé *Lever le verrou du financement des entreprises technologiques* pointe les faiblesses de l'écosystème français du capital-risque en matière de financement de la phase de développement des start-ups. En 2018, seules 7 start-ups ont levé plus de 50 M€ en France, contre 9 en Allemagne et 25 au Royaume-Uni. Aux États-Unis, la même année, 189 start-ups ont levé plus de 100 M€.

Les investissements dans des levées de fonds de start-ups technologiques ont très fortement augmenté sur l'année 2021, en passant de 6 à 12,9 milliards d'euros. En revanche, ce rattrapage de l'écosystème a été tiré par les investissements réalisés par les fonds américains dans les start-ups françaises. Entre 2020 et 2021, l'investissement américain dans les start-ups technologiques françaises a été multiplié par 5 et est passé de 656 millions à 3,3 milliards d'euros.

Investissement dans les start-ups technologiques françaises par géographie

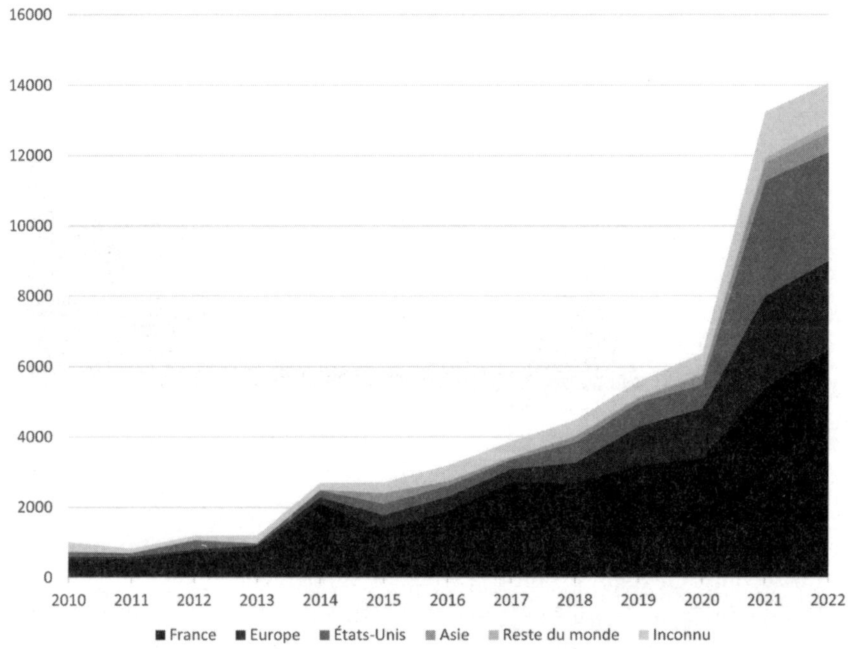

Source : Plateforme Frenchtech

Sur le *late stage,* cette situation est encore plus problématique. Le montant rassemblé dans le cadre de levées de fonds de plus de 100 M€ s'élevait à 1,7 milliard d'euros en 2020, et a été multiplié par 3 en 2021 pour atteindre 5,2 milliards d'euros. 37 % de ces investissements proviennent de fonds américains, avec un montant total levé par ceux-ci de 1,9 milliard d'euros en 2021. Le problème soulevé par le rapport Tibi du financement des levées de fonds *late stage* est en train d'être résolu, mais l'augmentation des montants rassemblés lors de telles opérations est tirée par les investissements américains dans les start-ups françaises. Ces investissements permettent de financer le développement des start-ups françaises, mais ont le plus souvent comme contrepartie la participation des fonds concernés à leur gouvernance.

Investissement dans les levées de fonds > 100 M€ de start-ups technologiques françaises par géographie

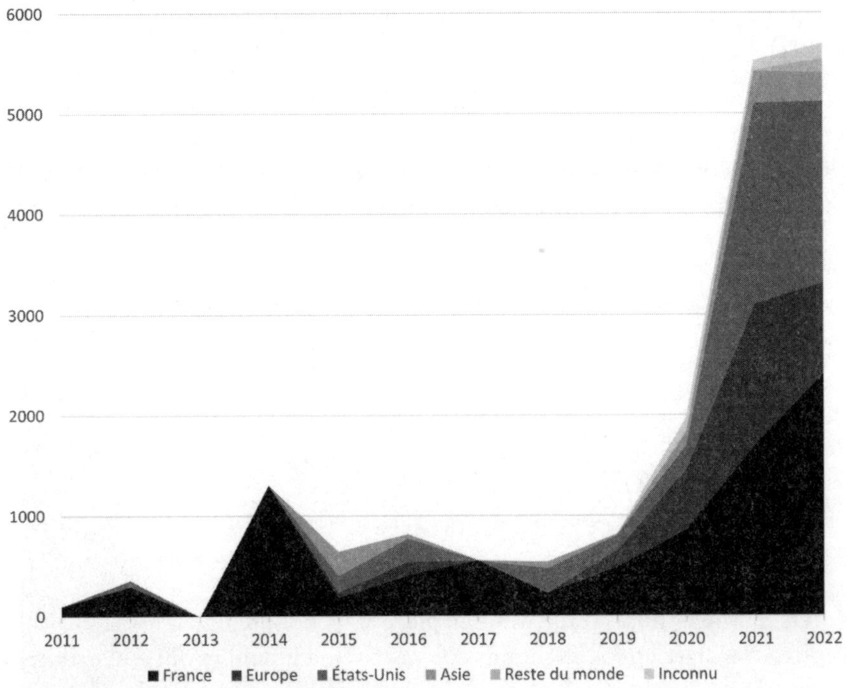

De nombreuses entreprises technologiques accueillent des fonds américains à leur capital pour des questions de valorisation ou pour bénéficier d'un accompagnement essentiel à leur développement, et ces étapes de leur développement se traduisent souvent par une perte de souveraineté actant le basculement progressif de leur centre de gravité vers les États-Unis. La pépite technologique Criteo a par exemple commencé à accueillir des fonds américains à son capital lors de sa série B, en 2008 avec comme *lead investor* le VC californien Index Ventures. La société déplace son siège social dans la Silicon Valley en 2010 et réalise une introduction en bourse au Nasdaq en 2013. Aujourd'hui, si Bpifrance détient encore 8 % du capital de l'entreprise, ses autres principaux investisseurs sont tous étrangers. Le groupe est désormais dirigé par la Néo-Zélandaise Megan Clarken, et comptait début 2022 50 % d'étrangers à son conseil d'administration.

Le soutien de l'État au développement des start-ups stratégiques

Le Programme d'investissements d'avenir et le développement de fonds de capital-risque par Bpifrance

Mis en place en 2010 par Nicolas Sarkozy, le Programme d'investissements d'avenir (PIA) a mobilisé des dizaines de milliards d'euros pour rattraper le retard français en matière d'innovation. Les générations successives du PIA ont accéléré le développement de l'écosystème français de l'innovation et ont permis un rattrapage du retard de notre écosystème de capital-risque, notamment pour ce qui est de l'investissement dans des start-ups *early stage*.

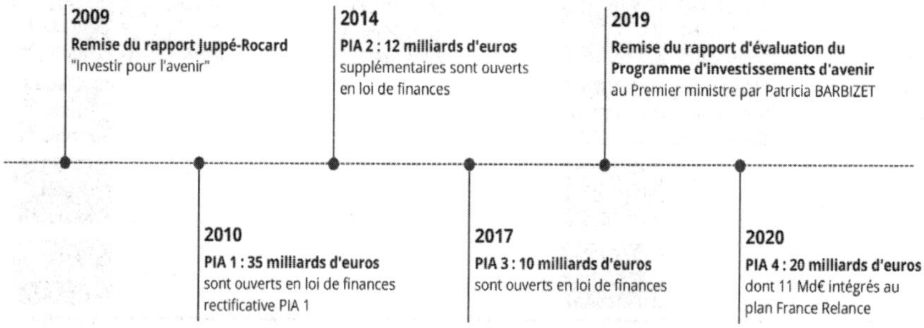

De multiples outils ont été mis en place afin de soutenir par le biais de subventions les start-ups, et des fonds d'investissement publics ont été regroupés au sein de Bpifrance afin de soutenir en fonds propres les start-ups innovantes françaises. Plusieurs fonds thématiques ont été mis en place pour soutenir en fonds propres les secteurs stratégiques – Digital Venture, Ecotechnologie, PSIM – et des fonds spécifiques ont été mis en place pour soutenir les start-ups françaises de tous niveaux de maturité – des fonds spécialisés dans l'amorçage/*seed* à *Large Venture*. En complément, l'État a investi massivement dans des fonds d'investissements gérés par des acteurs privés en créant des « fonds de fonds » dont l'objectif a été de recapitaliser les principaux fonds de capital-risque français pour permettre une augmentation rapide du volume des levées de fonds des start-ups nationales. Depuis 2012, Bpifrance a investi dans plus de 500 fonds un montant total de 9 milliards d'euros, qui a fortement contribué à l'accélération du développement des fonds de capital-risque français.

La Cour des comptes relève le caractère décisif qu'a eu l'impulsion de Bpifrance et du PIA dans le développement de l'écosystème français du capital-risque. Entre 2015 et 2019, les montants levés par les start-ups françaises ont été multipliés par 3, pour placer la France devant l'Allemagne en matière de levées de fonds.

Les pôles d'investissements de bpifrance

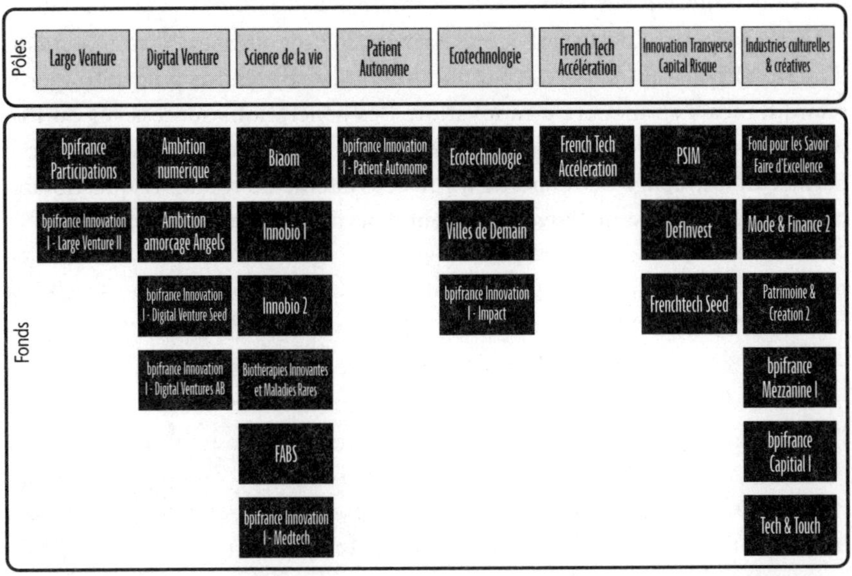

Source : Cartographie des fonds Bpifrance par l'entreprise Eldorado, https://eldorado.co/blog/2022/01/10/la-structure-des-fonds-de-bpifrance

Une mobilisation des investisseurs institutionnels par le dispositif des « fonds Tibi » pour rattraper le retard de la France sur les levées de fonds late stage

La solution préconisée par le rapport Tibi pour résoudre le retard de l'écosystème français du financement des levées de fonds *late stage* a consisté à créer des fonds labellisés « Tibi », dédiés à l'investissement dans ce type de levées de fonds et dans des actions d'entreprises technologiques françaises cotées en bourse. Le ministre de l'Économie a négocié en parallèle l'engagement de 21 investisseurs institutionnels français à investir dans ces fonds un total de 6 milliards d'euros.

En juin 2021, un premier bilan positif de cette initiative a pu être réalisé. 49 fonds ont été agréés par l'État, mobilisant 3,5 milliards d'euros des investisseurs précités. Ceux-ci ont contribué à de nombreuses levées de fonds et participé au rattrapage de l'écosystème. La start-up Payfit, qui développe un logiciel de gestion de paye pour les PME, a par exemple levé 90 millions d'euros en mars 2021 auprès d'un fonds Tibi d'Eurazeo et de Bpifrance. La start-up SparingVision qui développe des thérapies innovantes en ophtalmologie est parvenue à lever 44,5 millions d'euros en mars 2021, notamment auprès du fonds Tibi de Jeito Capital.

Des outils dédiés pour soutenir le développement des start-ups stratégiques

Si ces outils ont permis un rattrapage de la France en matière de levées de fonds notamment *early stage*, ils connaissent des limites quant à la possibilité de soutenir des entreprises stratégiques pour la souveraineté nationale. Conformément aux réglementations européennes, les fonds d'investissement gérés par Bpifrance sont administrés de façon indépendante par l'opérateur, dont le mandat est d'investir de façon *avisée*, c'est-à-dire de prendre ses décisions comme s'il était un acteur privé. Pour éviter d'être classifiés comme aides d'État par la Commission européenne, les investissements de Bpifrance doivent suivre la règle du *pari passu*, c'est-à-dire que Bpifrance ne peut participer à une levée de fonds que dans la mesure où un autre investisseur, privé, le fait également dans des conditions sensiblement identiques.

Plusieurs fonds d'investissement ont déjà été créés récemment afin de mieux intégrer les enjeux de souveraineté à la doctrine d'investissement de Bpifrance : Définvest pour les PME du secteur de la défense, le Fonds Innovation Défense pour les start-ups du secteur, le fonds French Tech Souveraineté pour investir dans des entreprises innovantes qui développent des technologies critiques pour la souveraineté nationale. La construction de ces fonds va dans le bon sens et les montants impliqués sont, pour chacun d'eux, de l'ordre de la centaine de millions d'euros. Le French Tech Souveraineté a par exemple été initialement doté de 150 M€, et renforcé à hauteur de 500 M€. Son premier investissement a été annoncé en mars 2022 pour soutenir le développement de la start-up Kayrros spécialisée dans l'analyse d'images de satellites grâce à des technologies d'intelligence artificielle, notamment appliquée aux enjeux environnementaux. Le fonds a également participé à la levée de fonds de la start-up Vade Secure, spécialisée dans la cybersécurité.

Le problème des exits : les introductions en bourse et rachats étrangers de start-ups stratégiques

Si la France a rattrapé son retard en matière de levées de fonds *early stage* et est en train de rattraper son déficit de financement sur le *late stage* – avec, en contrepartie, une forte augmentation des prises de participation américaines au capital de start-ups stratégiques françaises – les perspectives de sortie permettant aux start-ups françaises de rester sous contrôle français sont très limitées. Les introductions en bourse des start-ups françaises sont massivement réalisées outre-atlantique, et la perspective d'un rachat par un industriel français est quasi nulle sur de nombreux secteurs stratégiques.

En matière d'introductions en bourse, le rapport Tibi pointe un réel retard de la place financière de Paris. Les entreprises technologiques qui choisissent d'entrer en bourse en France font l'objet d'une sous-valorisation significative : le rapport indique que parmi les entreprises technologiques cotées en bourse en

France, entre 2015 et 2018, la capitalisation boursière médiane était de 57 M€. Au Royaume-Uni et en Allemagne, celle-ci était de 86 M€. Aux États-Unis, les valorisations des entreprises technologiques sont d'un ordre de grandeur différent : la médiane des capitalisations boursières de celles-ci était en 2018 de 608 M$[1].

Ce même rapport attribue le retard de la place financière de Paris pour la cotation en bourse des entreprises technologiques à une « double faille de marché ». D'un côté, le faible nombre d'introductions en bourse d'entreprises technologiques en France ne permet pas la structuration d'un réel écosystème avec des fonds spécialisés, des analystes financiers… Ce faible nombre d'introductions en bourse est lui-même lié à l'incapacité des fonds de capital-risque français à financer les levées de fonds *late stage* des start-ups, limitant le nombre d'entreprises susceptibles d'être cotées en bourse en France. De l'autre, très peu de gestionnaires d'actifs français investissent dans les sociétés technologiques cotées. Les fonds Tibi mis en place à la suite du rapport permettent également de combler cette faille, en orientant une partie de l'investissement des institutionnels vers des sociétés technologiques cotées.

En guise de résultat, les entreprises technologiques françaises qui souhaitent se coter en bourse le font aux États-Unis. Entre l'introduction en bourse de Dassault Systèmes en 1996 et 2018, aucune introduction en bourse en France n'a été réalisée pour une valorisation de plus d'un milliard d'euros. Toutes ont fait le choix de la cotation aux Etats-Unis : Criteo en 2013, DBV Technologies en 2014, Cellectis en 2015 ou encore Talend en 2016. En 2018, 13 entreprises françaises étaient cotées au Nasdaq : Avadel Pharmaceuticals, Cellectis, Criteo, DBV Technologies, EDAP TMS, Erytech Pharma, Genfit, Orange, Sanofi, Schlumberger, Sequans Communications, Talend et Total.

En matière de rachats, la situation est similaire. Les start-ups françaises qui se développent et recherchent un adossement industriel ou souhaitent être rachetées par un fonds font face à l'absence quasi totale de repreneurs français, en particulier sur le secteur technologique. Les graphiques ci-dessous illustrent cette absence de perspectives d'*exits* pour les entreprises françaises en recherche de repreneurs : entre 2010 et 2022, si la moitié des acquisitions listées sur la plateforme *dealroom* étaient le fait d'entreprises françaises, 70 % du montant des acquisitions était lié à des repreneurs étrangers. Les petites entreprises arrivent à trouver un repreneur français, mais les opérations les plus significatives sont systématiquement le fait de repreneurs étrangers.

1. Rapport Tibi : « *La capitalisation boursière médiane des entreprises technologiques au moment de leur introduction en 2018 sur le NASDAQ et le NYSE était de 608 M$ pour les 214 firmes recensées par Crunchbase.* »

Rachats d'entreprises françaises selon la nationalité de l'acquéreur

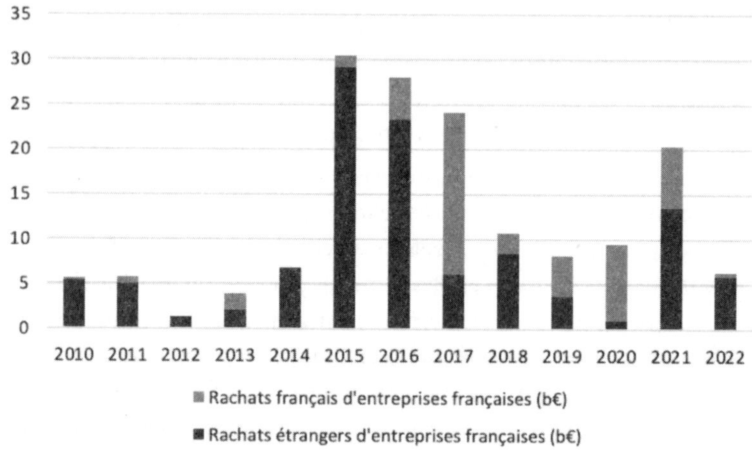

Source : dealroom.co

Proportion de rachats étrangers d'entreprises françaises

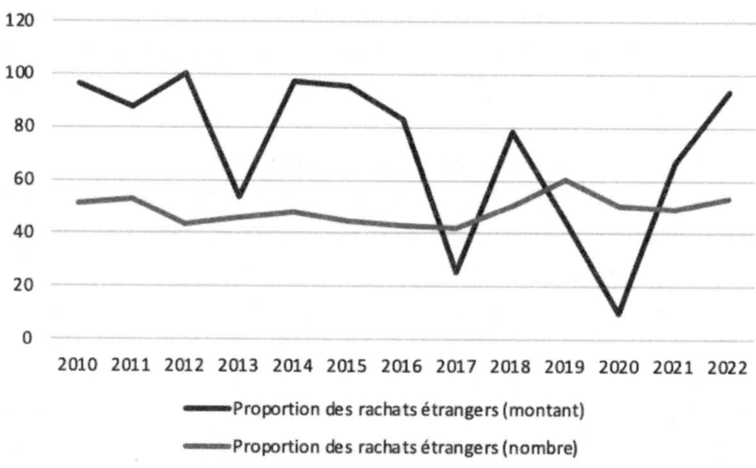

Source : dealroom.co

En bout de course, les start-ups qui se développent ont donc le choix entre s'introduire en bourse – mais le Nasdaq leur offre une valorisation significativement plus élevée qu'Euronext – et être rachetées – mais les repreneurs français sont rares, les valorisations sont également significativement plus faibles. En matière de rachats, au-delà de la valorisation, les start-ups technologiques françaises préfèrent pour la plupart être rachetées par Google que par Orange, pour des questions de culture d'entreprise et de perspectives industrielles. Une start-up technologique rachetée par Google peut faire accepter le rachat à ses collaborateurs facilement, et continuer à créer de la valeur en capitalisant sur les compétences et les moyens de son acquéreur. Un rachat par Orange ou Vivendi est plus difficile à accepter pour un entrepreneur : de nombreux employés clés sont susceptibles de quitter le navire en raison de la culture d'entreprise de l'acquéreur, et les synergies susceptibles d'être réalisées à la suite de l'acquisition sont plus limitées, comme nous le verrons dans le cas de Dailymotion.

Pour ancrer durablement les entreprises stratégiques sur des secteurs innovants en France, il est indispensable de leur offrir des perspectives d'*exits*. Ces perspectives passeront par le développement de la place financière de Paris pour la cotation en bourse des start-ups, qui permettra aux futures licornes françaises de continuer à se développer tout en restant françaises et indépendantes. Ces prochaines licornes cotées en bourse en France offriront aux start-ups de demain des perspectives d'*exits* intéressantes, tant financièrement que du point de vue industriel. À court terme, les grands groupes français proches de l'État peuvent également être mobilisés pour offrir des perspectives de sortie françaises aux start-ups stratégiques, en portant une attention particulière à l'intégration des start-ups concernées pour ne pas répéter les erreurs réalisées sur de précédentes opérations comme celles que nous allons étudier.

Nous allons compléter ce panorama par l'étude du cas de Dailymotion, qui permet d'illustrer l'ensemble de ces difficultés. Bloquée dans son développement par la faiblesse de l'écosystème français du financement de l'innovation, Dailymotion a été soutenue dans son développement par l'ancêtre de Bpifrance, le Fonds Stratégique d'Investissement. L'entreprise a ensuite eu besoin d'être rachetée, non seulement pour permettre aux investisseurs initiaux d'être rétribués, mais également pour offrir à Dailymotion les synergies dont elle avait besoin pour garantir la pérennité de son activité, et dont YouTube bénéficiait depuis son rachat par Google. L'État s'est fortement intéressé à ce potentiel rachat : le gouvernement a facilité un premier rachat par Orange, Montebourg a refusé un rachat par Yahoo!, puis Emmanuel Macron a interdit un rachat par le Chinois PCCW pour permettre la reprise de Dailymotion par le groupe français Vivendi. En étudiant avec du recul les décisions prises par l'État à différents moments du développement de l'entreprise, nous pourrons identifier les succès et les erreurs à ne pas répéter.

Section 4.2 – Le soutien de l'État au développement de Dailymotion

Début 2005, deux entreprises sont fondées à quelques semaines d'intervalle : YouTube et Dailymotion. Les deux plateformes sont d'une égale excellence technique, et Dailymotion se développe très rapidement. Fin 2006, YouTube est rachetée par Google pour 1,65 milliard de dollars et lui offre un accès à son infrastructure technologique et à des financements illimités. Au même moment, Dailymotion ne lève que 7 millions d'euros.

La pépite technologique française a tenté pendant 10 ans de mener une bataille contre YouTube pour devenir la plateforme de streaming vidéo de référence. Soutenue par l'État, elle fait l'objet d'un investissement du Fonds Stratégique d'Investissement puis d'un rachat par le groupe semi-public Orange. Celui-ci échoue à intégrer la start-up et ne lui offre pas les moyens financiers nécessaires pour rester dans la course face à YouTube. L'écart se creuse, et la start-up réalise des pertes qui convainquent Orange de se désengager.

Le groupe tente de vendre Dailymotion à Yahoo!, et se voit opposer un refus du ministre du Redressement productif Arnaud Montebourg qui a fait de la reconquête d'une souveraineté technologique sa priorité. Après le remaniement ministériel de 2014 et le tournant libéral du quinquennat Hollande, Orange esquisse un rapprochement avec le groupe chinois PCCW, refusé par Emmanuel Macron qui souhaite qu'une solution européenne soit trouvée pour Dailymotion. Orange parvient enfin à vendre la start-up à Vivendi, qui abandonne définitivement l'ambition de construire un leader du numérique à même de concurrencer YouTube et restructure l'entreprise pour qu'elle parvienne à adresser des marchés plus restreints, mais profitables.

Le projet de Dailymotion était-il voué à l'échec ? Doit-on le déclin de la start-up française à un manque de moyens, à des erreurs stratégiques du management ou aux erreurs de politique publique des gouvernements successifs ? Quels enseignements peut-on tirer de ce dossier pour s'assurer que les pépites technologiques de demain ne connaissent pas le même destin tragique que Dailymotion ?

La construction du monopole de YouTube sur le streaming vidéo

Les premières heures du web

Inventé en 1989 par l'informaticien britannique Tim Berners-Lee, internet est un protocole – HTTP, l'Hypertext Project – qui permet à des serveurs informatiques de communiquer entre eux pour se partager du contenu. Le premier navigateur web permettant de parcourir ce réseau, baptisé World Wide Web (WWW), est créé en 1990 et rendu public et accessible à tous en 1991. De nombreuses technologies se développent pour permettre au plus grand nombre d'accéder au *web*. En 1994, Yahoo! est créée par deux étudiants en informatique de l'université américaine de Stanford. En 1995, Microsoft crée son portail MSN – the Microsoft Network – permettant, comme Yahoo!, d'indexer le contenu disponible sur internet. Yahoo! et MSN sont à l'époque des portails qui fournissent un annuaire du contenu disponible sur le web, classé par catégories.

En 1998, Google adopte une autre approche avec l'algorithme *pagerank* qui permet de trier les sites et leurs pages selon leur pertinence vis-à-vis de ce que recherche un utilisateur. Le premier *moteur de recherche* est né, modifiant en profondeur l'expérience des utilisateurs du web. Progressivement, Google détrône Yahoo! et centralise l'essentiel des requêtes des utilisateurs qui recherchent du contenu sur Internet.

Les usages du *web* sont encore en voie de définition et d'autres services continuent de se développer dans les années 2000. L'encyclopédie participative en ligne Wikipédia est créée en 2001. Les *blogs* apparaissent à la fin des années 1990, et les principales plateformes de gestion de blog se développent progressivement au début des années 2000 : la plateforme Blogger est développée à partir de 1999, Skyblog est créée en 2002, Wordpress en 2003 et Twitter apparaît en 2006. Au début des années 2000, les usages du *web* sont à définir et chaque amélioration du débit qu'offrent les fournisseurs d'accès à internet se traduit par de nouvelles opportunités.

Parts de marché de Google, Yahoo! et MSN

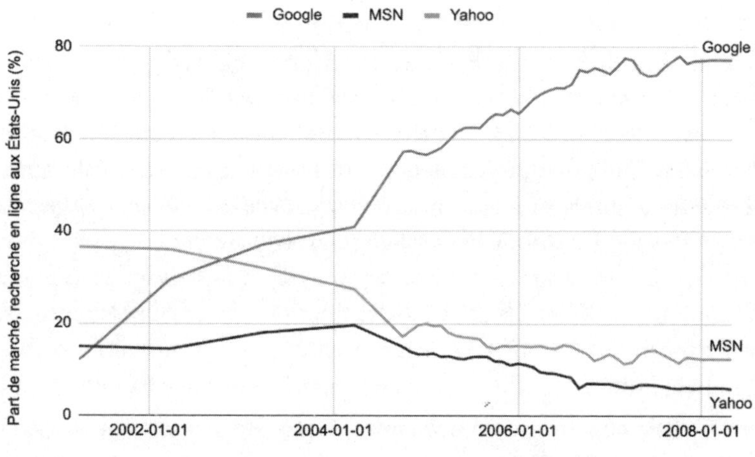

La naissance des plateformes de partage de vidéos

En 2005, le partage de vidéos par internet devient possible mais aucun service de partage vidéo n'existe. Deux projets émergent quasi simultanément : YouTube et Dailymotion. D'autres plateformes concurrentes se développent au même moment, notamment l'Américain Vimeo.

YouTube est fondée en février 2005 par trois anciens employés du leader américain du paiement par internet Paypal. Chad Hurley, Steve Chen et Jawed Karim envisagent initialement de créer un site de rencontre reposant sur le partage de vidéos, et décident rapidement de réorienter leur activité vers le partage de vidéos grand public. La plateforme se développe très rapidement et est rachetée après seulement un an et demi d'existence par Google en octobre 2006, pour 1,65 milliard de dollars, alors que l'entreprise ne compte que 67 salariés.

La conquête par YouTube d'un monopole sur le partage de vidéos en ligne

La plateforme américaine de partage de vidéos a désormais accès à des financements illimités pour acquérir un quasi-monopole sur le partage de vidéos en ligne, et peut s'appuyer sur l'infrastructure de Google pour le stockage de vidéos, le référencement du contenu et sa monétisation. YouTube peut dès 2007 se permettre d'investir massivement dans le développement de sa plateforme et l'acquisition de parts de marché sans être soumis aux exigences de rentabilité qui caractérisent ses concurrents. L'argent n'est plus un sujet : en 2009, des analystes estiment que la plateforme génère un chiffre d'affaires d'environ 240 millions de dollars mais réalise des dépenses de l'ordre de 700 millions de dollars, liées à 50 % à la bande passante utilisée par la plateforme.

Au-delà de l'aspect purement financier, Google permet à YouTube de bénéficier de son expertise et des avantages qu'implique l'adossement au *leader* mondial des moteurs de recherche. Google met en place en novembre 2007 son service de « moteur de recherche universel » qui indexe désormais non seulement des pages web, mais aussi d'autres types de contenus. Six liens apparaissent désormais en haut de la page d'accueil de Google : web, images, actualités, cartes, Gmail, et... vidéos. L'effet du changement d'algorithme de recherche est immédiat, aux États-Unis la fréquentation de YouTube augmente de 2 % en seulement un mois. YouTube consacre des dépenses significatives pour acheter des liens sponsorisés à sa maison-mère afin de gagner des parts de marché. Les synergies réalisées par Google en favorisant YouTube parmi les résultats de recherche font partie des multiples motifs de contentieux pour abus de position dominante à l'encontre du géant du numérique, et feront notamment l'objet de plaintes du concurrent de YouTube Rumble en 2021.

YouTube a construit en quinze ans un quasi-monopole sur le marché du partage de vidéos. En 2020, l'entreprise réalise des revenus publicitaires de 20 milliards de dollars. La plateforme est utilisée chaque mois par 2,3 milliards de personne en moyenne, et son offre premium compte 30 millions d'abonnés. En comparaison, Dailymotion, qui fut autrefois le *leader* français du secteur et comptait des millions d'utilisateurs, réalisait en 2016 60 millions d'euros de chiffre d'affaires.

Pourtant, en 2007, les deux plateformes sont au coude-à-coude sur le marché français et Dailymotion se développe rapidement à l'international. Un autre chemin était-il possible ?

Le développement d'un concurrent français à YouTube

Génèse du projet Dailymotion, au coude-à-coude avec YouTube

YouTube est créée en février 2005. Presque au même moment, en mars 2005, Benjamin Bejbaum et Olivier Poitrey fondent la plateforme française de partage de vidéos Dailymotion. Les deux entrepreneurs développent la plateforme sur leur temps libre, bénéficiant dans un premier temps du soutien d'investisseurs individuels à hauteur de 250 000 €. En septembre 2006, Dailymotion lève 7 millions d'euros auprès de Partech International et du fonds américain Atlas Venture. Un mois plus tard, l'acquisition de YouTube par Google pour une valorisation de l'ordre du milliard de dollars était annoncée par la presse.

Les deux entreprises comprennent que ce marché est caractérisé par un effet du « winner takes all » lié à ce que les entrepreneurs appellent des « effets de réseau » et qu'à terme, la plateforme qui aura le plus d'audience attirera également l'immense majorité du contenu et construira un monopole très solide. L'enjeu est ainsi, à la fin des années 2000, d'acquérir des parts de marché afin de devenir la plateforme de référence d'un côté pour les utilisateurs, de l'autre pour les créateurs de contenu (labels de musique, médias traditionnels, plus tard *youtubers*). La monétisation de la plateforme passe ensuite par la diffusion de contenu publicitaire au début ou au milieu des vidéos. Une partie des revenus publicitaires peut être partagée avec les producteurs de contenus.

Pour financer les investissements nécessaires pour concurrencer YouTube – R&D, amélioration de la qualité de la plateforme, partenariats avec des labels, médias et annonceurs, publicité sur les moteurs de recherche –, Dailymotion réalise en 2007 une nouvelle levée de fonds de 25 millions d'euros auprès d'AGF Private Equity, du Britannique Advent Venture Partners, du CIC et de ses actionnaires historiques. L'entreprise, qui compte alors 120 salariés – dont 20 à l'international – espère une forte accélération de ses revenus publicitaires et anticipe, vis-à-vis de ses nouveaux actionnaires, un chiffre d'affaires de 20 millions d'euros en 2008 contre 5 en 2007 pour atteindre très rapidement un équilibre financier.

À l'époque, Dailymotion résiste à la percée de YouTube en France. La plateforme française comptabilise en mai 2008 10,3 millions d'utilisateurs, contre 12,5 pour YouTube[2]. Dailymotion tisse des partenariats avec Universal Music, la Sacem et d'autres sociétés de gestion de droits d'auteurs pour diffuser des musiques sur sa plateforme, moyennant un partage des revenus publicitaires liés aux vidéos concernées. L'entreprise se développe sur les marchés européens – en Grande-Bretagne, Allemagne... – et aux États-Unis, où il reste loin derrière YouTube (32 millions de vues pour Dailymotion contre 4,9 milliards pour YouTube), mais connaît une forte croissance de son nombre d'utilisateurs (+129 % sur l'année 2008).

2. https://www.comscore.com/Insights/Press-Releases/2008/08/France-Online-Videos. En revanche, les utilisateurs de YouTube utilisent plus fréquemment la plateforme (52 vidéos par utilisateur en moyenne pour YouTube, contre 35 pour Dailymotion).

Nombre d'utilisateurs par plateforme de diffusion de vidéos (marché français), mai 2008

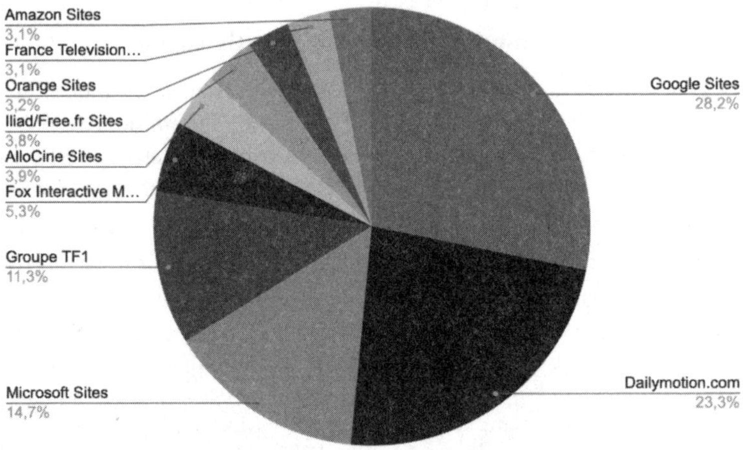

Source : Comcast.

Le soutien de l'État à une pépite technologique française

En 2008, Dailymotion réalise 10 millions d'euros de chiffre d'affaires, le double de ses résultats de 2007 mais un chiffre bien en deçà des attentes de ses investisseurs. L'entreprise n'a pas atteint le point d'équilibre, estimé à l'époque à un chiffre d'affaires de 17 à 20 millions d'euros, et chiffre des pertes de plusieurs millions liées à ses dépenses de recherche et développement, mais également aux dépenses conséquentes que l'entreprise consacre, comme ses concurrents, aux frais de bande passante nécessaires pour entretenir un service de qualité, qui représentent à l'époque un quart des frais d'exploitation de Dailymotion.

Ayant épuisé ses fonds propres, Dailymotion a de nouveau besoin de lever de l'argent pour poursuivre son développement. Deux options sont alors possibles : une recapitalisation par les investisseurs historiques de Dailymotion, ou l'accueil de nouveaux investisseurs. Un partenariat stratégique avec Orange ou TF1 est notamment envisagé. Finalement, en octobre 2009, le site parvient à lever 17 millions d'euros auprès de ses investisseurs historiques accompagnés par un nouvel investisseur : l'État français *via* le Fonds Stratégique d'Investissement qui investit 7,5 millions d'euros, en échange de 30 % du capital de Dailymotion et d'un siège au conseil d'administration.

Les revenus de Dailymotion continuent de croître, et l'entreprise réduit fortement ses coûts. Dailymotion avait engagé avant sa levée de fonds une réduction de 10 % de ses effectifs en France et a fortement réduit le coût de distribution de ses vidéos depuis sa création. L'entreprise revendique ainsi une baisse de ses dépenses de fonctionnement de l'ordre de 20 % en 2009 alors que son chiffre d'affaires progresse de près de 50 % entre 2008 et 2009, et croît de 20 % en 2010. Fin 2010, la plateforme est rentable.

Le fonds stratégique d'investissement

Le Fonds Stratégique d'Investissement (FSI), précurseur de la Banque Publique d'Investissement (Bpifrance), est créé en 2008 sous l'impulsion du président Nicolas Sarkozy. Il s'agit à l'époque d'une société anonyme détenue à 51 % par la Caisse des dépôts et à 49 % par l'État. Le FSI est intégré à Bpifrance lorsque celle-ci est créée.

Le fonds est doté de 20 milliards d'euros sous la forme de mise à disposition d'actions d'entreprises cotées (14 Mds €) et de fonds de la Caisse des dépôts et de l'État (6 Mds €). Son objectif est d'aider les entreprises stratégiques françaises à trouver des investisseurs stables pour financer leur développement, en (i) soutenant le développement des PME prometteuses qui ont des difficultés à accéder aux financements, (ii) aidant temporairement des entreprises à fort potentiel pour s'en désengager à moyen terme, et (iii) sécurisant le capital d'entreprises stratégiques.

Il réalise de nombreux investissements entre sa création et son intégration à Bpifrance, notamment au capital de Technip (2009), Eramet (2012), CMA-CGM (2012), et de dizaines d'entreprises industrielles. Dans le domaine du numérique, le FSI est entré au capital de l'acteur français de la sécurité numérique Gemalto (2009), du leader de l'informatique d'entreprise Bull (2011) et du concurrent français de LinkedIn Viadeo (2012).

Évolution du chiffre d'affaires de Dailymotion

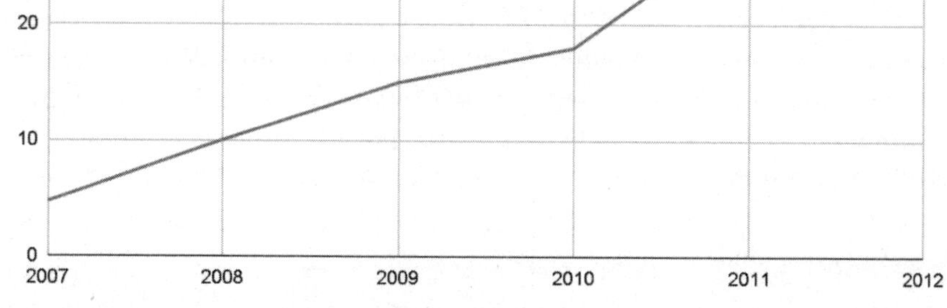

L'échec du rapprochement avec Orange

L'échec de l'intégration de Dailymotion au sein du groupe France Télécom-Orange

Dailymotion est désormais rentable, mais sa situation financière est fragile, avec d'importants coûts fixes (R&D...) et des revenus dépendant fortement de la fréquentation de la plateforme, mise à mal par la concurrence de YouTube. L'entreprise a besoin d'un adossement industriel pour pouvoir réduire ses coûts notamment en mutualisant certaines fonctions, et pour recommencer à investir pour améliorer son expérience utilisateur et conquérir de nouveaux marchés.

Orange déploie justement une stratégie visant à compléter son activité d'opérateur de télécommunications et de fournisseur d'accès à internet en développant – ou acquérant – de nouvelles offres de diffusion de contenus. L'opérateur venait alors d'acquérir les droits de diffusion des matchs de football pour plus d'un milliard d'euros et d'entrer au capital de la plateforme de streaming musical Deezer.

Fin janvier 2011, le groupe semi-public France Télécom-Orange annonce l'acquisition de 49 % du capital de Dailymotion pour 58,8 millions d'euros, avec une option d'achat qui lui permet de devenir propriétaire de la start-up à 100 % à partir de 2013. À l'époque, le Fonds Stratégique d'Investissement, actionnaire de Dailymotion, est également actionnaire d'Orange à hauteur de 25 % du capital. À l'époque, cette stratégie inquiète d'ailleurs les partisans de la neutralité du *net* qui craignent qu'Orange ne soit amenée à prioriser les flux des contenus de ses filiales en tant qu'opérateur de communication, et que les données transmises pour les vidéos de Dailymotion puissent transiter plus rapidement que celles de ses concurrents ou, par exemple, que les flux internet liés à des missions de service public.

Alors que l'opération était censée offrir à Dailymotion l'appui d'un industriel expérimenté pour réduire ses coûts de bande passante et attaquer de nouveaux marchés, aucune synergie n'est réalisée entre l'entreprise et son groupe. Les administrateurs d'Orange au conseil d'administration de Dailymotion n'interviennent pas dans la gouvernance, et Orange n'offre même pas à la start-up un accès privilégié à ses serveurs.

Dès le départ, Orange annonce son intention d'impliquer « *[de façon] progressive de nouveaux partenaires industriels* ». En 2012, Dailymotion dégage 1,5 million d'euros de marge brute pour 40 millions de chiffre d'affaires. Ces résultats convainquent Orange qu'il faut vendre. « *Dailymotion est un modèle fragile basé sur la publicité. L'entreprise est concurrente de YouTube, donc de Google, et est très gourmande en cash.* »

La tentative de vente à Yahoo!

Actant l'échec de l'intégration de Dailymotion, Orange recherche un partenaire industriel capable de transformer la plateforme en un géant du numérique susceptible de concurrencer YouTube. Le 10 janvier 2013, Orange utilise ses options d'achat pour devenir l'unique propriétaire de Dailymotion, pour un montant cumulé de 193 millions d'euros. La banque d'affaires Messier Partners est missionnée dès début janvier afin d'identifier des repreneurs susceptibles d'offrir à Dailymotion un accès au marché américain.

Le 19 mars 2013, l'information fuite et le *Wall Street Journal* affirme que Yahoo! étudie l'option d'une prise de participation de 75 % au capital de Dailymotion. Orange, comprenant que l'État n'acceptera pas un rachat à 100 % de la plateforme, envisage en effet de conserver une présence au capital de l'entreprise.

Le nouveau gouvernement a pris ses fonctions quelques mois plus tôt et le ministre du Redressement productif, Arnaud Montebourg, a négocié avec le président de la République à son arrivée que la stratégie actionnariale de l'État fasse partie de ses prérogatives. Il obtient ainsi la tutelle de l'Agence des Participations de l'État, service à compétence nationale chargé de gérer le portefeuille de participations de l'État et de le représenter dans les instances de gouvernance des entreprises dont il est actionnaire. La cession de Dailymotion par Orange, pour être effective, doit obtenir l'aval du conseil d'administration du groupe auquel Montebourg est représenté. Or, le ministre n'a pas été prévenu et a appris la volonté d'Orange de céder Dailymotion à un acteur américain par la presse.

Mi-avril, le ministre du Redressement productif rencontre le numéro 2 de Yahoo! en compagnie du directeur financier de France Télécom-Orange, Gervais Pellissier. Refusant un schéma dans lequel Yahoo! détiendrait le contrôle effectif de Dailymotion, le ministre aurait demandé à Yahoo! un partenariat plus équilibré, dans le cadre duquel le groupe américain ne détiendrait pas plus de 50 % du capital du groupe. Cité par Europe 1, Arnaud Montebourg le réaffirme : « *Yahoo! veut dévorer Dailymotion. Nous leur avons dit non, ce sera 50/50, c'est-à-dire que nous souhaitons un développement équilibré. [...] C'est l'intérêt de la France et c'est l'intérêt de Dailymotion, qui est une pépite française qu'il faut préserver.* »

Yahoo! est irritée par une intervention de l'État jugée excessive et ne souhaite pas acquérir un groupe dont il ne possédera que 49 % du capital, ce qui implique qu'il devra obtenir l'accord d'Orange et de l'État pour un certain nombre de décisions stratégiques. Le groupe renonce à l'opération, dans le cadre de laquelle il envisageait d'acquérir 75 % de Dailymotion, en valorisant l'entreprise à 300 millions de dollars (228 millions d'euros).

Chez Orange, la pilule ne passe pas. Le PDG Stéphane Richard affirme que « *Dailymotion est une filiale d'Orange, et non de l'État* » et s'émeut que le ministre soit resté sur sa position malgré les concessions importantes qu'il était parvenu à négocier avec Yahoo!, notamment concernant le maintien sur le long terme d'Orange à 25 % alors que Yahoo! souhaitait disposer d'une option pour acquérir 100 % de l'entreprise à terme. La direction de Dailymotion est également opposée à la décision gouvernementale. Le dirigeant Cédric Tournay s'exprimait dans les pages du *Monde* : « *J'ai initié et soutenu ce projet, en accord avec Orange, notre actionnaire. Je regrette le blocage gouvernemental, parce que nous vivons dans un environnement mondialisé où nous devons, pour le bien de nos entreprises, faire des choix qui maximisent nos chances de succès sur le long terme. Certes, nos racines sont françaises, nos équipes aussi, majoritairement, mais nous sommes présents à Londres, à New York, à Palo Alto... Les États-Unis sont notre premier marché, représentant 35 % de notre chiffre d'affaires. C'est plus que la France.* »

Le besoin urgent d'un partenaire industriel

Orange reste l'unique actionnaire d'une plateforme dont les parts de marché et la rentabilité se dégradent. En décembre 2013, Orange injecte 8,3 millions d'euros pour combler les pertes de Dailymotion. Début 2014, le groupe est forcé de recapitaliser sa filiale et lui apporte 6,7 millions d'euros par le biais d'une augmentation de capital. Début mai 2014, Orange doit faire un chèque de 12,3 millions d'euros. En moins d'un an, Dailymotion coûte à Orange plus de 27 millions d'euros. La plateforme, qui réalise environ 70 millions d'euros de chiffre d'affaires en 2014, demande à sa maison-mère un financement complémentaire de l'ordre de 100 millions d'euros pour assurer son plan de développement. Orange ne souhaite pas assumer ce financement seul, et recherche un nouveau partenaire industriel après l'échec de la cession à Yahoo!.

Pendant l'été 2014, les divisions du gouvernement en matière de politiques économiques éclatent au grand jour. Arnaud Montebourg acte son désaccord politique avec le président de la République pendant sa traditionnelle Fête de la Rose de Frangy-en-Bresse le 24 août : « *En votant pour les socialistes, les Français ne savaient pas qu'ils voteraient pour le programme de la droite allemande* ». Le lendemain, le Premier ministre Manuel Valls estime qu'une ligne rouge a été franchie et remet au président de la République la démission de son gouvernement. Il propose un nouveau gouvernement dans lequel Arnaud Montebourg est remplacé par Emmanuel Macron au ministère de l'Économie.

En novembre, le PDG de Microsoft Satya Nadella se rend à Paris et rencontre la nouvelle Secrétaire d'État au Numérique Axelle Lemaire, qui se déclare tout à fait favorable à l'entrée d'un investisseur étranger au capital de Dailymotion. Microsoft, Canal Plus ou SoftBank sont alors évoqués pour entrer au capital du groupe. L'intérêt de Microsoft ne se concrétise pas, et Yahoo! a été dissuadée de s'intéresser à nouveau à l'entreprise.

Dailymotion peut-elle devenir le YouTube chinois ?

Si le marché américain concentre en 2015 l'essentiel des utilisateurs, producteurs de contenus et perspectives de revenus publicitaires des plateformes de streaming vidéo, le monopole de YouTube le rend difficile à pénétrer. Le marché asiatique, quant à lui, commence à se développer, autour d'acteurs technologiques qui font concurrence aux GAFAM localement. Le streaming vidéo y est en pleine expansion, notamment sur mobile, et les perspectives de revenus sont très importantes. YouTube est en retrait sur ce marché, et quelques acteurs locaux ont pris position, comme Tencent, le concurrent chinois de Google Baidu, ou le YouTube chinois Youku Tudou. À l'époque, 40 % de l'audience de Dailymotion est réalisée en Asie, et l'entreprise vient de développer sa propre solution de streaming de jeux vidéo – concurrente de Twitch – qui pourrait avoir de fortes perspectives sur ce marché. Le groupe vient d'ouvrir une filiale à Singapour, et le Japon est devenu son 3e marché derrière les États-Unis et la France.

En mars 2015, Orange entre en négociation exclusive avec la holding chinoise Pacific Century CyberWorks (PCCW) pour le rachat de 49 % du capital de Dailymotion. PCCW possède notamment un opérateur de télécommunications hongkongais et une offre de télévision payante sur le marché chinois. Le groupe serait prêt à valoriser Dailymotion à 250 millions d'euros, apportant 125 millions d'euros pour la moitié du capital. Cette valorisation est légèrement supérieure à celle proposée par Yahoo! quelques années plus tôt.

Alors que l'État ne semblait pas opposé à l'entrée d'un investisseur étranger au capital de Dailymotion, et que même la condition d'Arnaud Montebourg – un partenariat équilibré n'impliquant que le rachat de 49 % du capital du groupe – semble respectée, l'opération est refusée par le nouveau ministre de l'Économie. Fin mars, Emmanuel Macron demande à Orange de « *prendre en compte les éléments de la souveraineté numérique européenne* » et de privilégier un partenaire européen pour le rachat de Dailymotion.

BFM révélera plus tard que le refus du ministre est lié à l'implication d'un industriel français, Marc Ladreit de Lacharrière, PDG de Fimalac qui possède de nombreuses plateformes numériques, notamment Allociné, et lorgne Dailymotion depuis plusieurs années. Énarque, Ladreit de Lacharrière aurait personnellement appelé son ami de longue date François Hollande afin de lui demander de favoriser le rachat de la plateforme par son groupe plutôt que par l'entreprise chinoise PCCW. Le président de la République aurait appelé personnellement la direction d'Orange afin de demander un rejet de l'offre de

PCCW, et l'opposition de l'État sera officialisée quelques jours plus tard par son ministre au nom de la souveraineté européenne.

L'initiative n'est pas appréciée par le groupe, et si celui-ci refuse la proposition chinoise conformément à la demande du ministre, l'offre concurrente de Fimalac est finalement rejetée à la fois par Orange et par le management de Dailymotion. Le groupe trouve en un temps record une alternative. En une dizaine de jours à peine, Orange parvient à signer la vente de Dailymotion au groupe Vivendi. L'opération est finalisée fin juin et Vivendi rachète 80 % du capital de la plateforme pour 217 millions d'euros, et monte à 100 % du capital dans les mois suivants.

Sur le plan industriel, le bilan de l'acquisition de Dailymotion par Orange est catastrophique. Le groupe n'a jamais cherché à réaliser de synergies et n'aura pas apporté à Dailymotion le soutien industriel nécessaire pour son développement. Dailymotion a progressivement perdu des parts de marché, ce que son actionnaire a tenté de combler en le recapitalisant plusieurs fois et en cherchant un autre partenaire industriel capable de lui apporter l'appui nécessaire pour pénétrer le marché américain ou chinois. Ne parvenant pas à faire de Dailymotion la plateforme vidéo d'un GAFAM ou d'un BATX, Orange s'en est désengagée en la cédant à Vivendi. Si le bilan est très mauvais sur le plan industriel, l'opération financière est en revanche excellente pour Orange. Le groupe avait racheté Dailymotion pour un total de 127 millions d'euros, et l'avait recapitalisé à hauteur d'une trentaine de millions, et parvient à le céder quelques années plus tard pour près de 275 millions d'euros.

Restructuration et rentabilisation de la plateforme par Vivendi

L'origine du groupe Vivendi se trouve dans la Compagnie Générale des Eaux, créée en 1853 par décret impérial pour gérer en concession la distribution d'eau courante de la ville de Lyon. Le groupe se diversifie dans la seconde moitié du vingtième siècle dans les transports, l'énergie, la construction et l'immobilier, et se spécialise dans les activités fonctionnant par délégation de service public et requérant une forte proximité avec les milieux politiques et les collectivités territoriales. Le groupe se développe progressivement sur d'autres segments, et pivote vers les médias avec l'arrivée à sa tête du jeune banquier d'affaires Jean-Marie Messier en 1996. Le groupe rachète le publicitaire Havas, prend le contrôle du groupe de cinémas Pathé, d'Universal Music et des studios de cinéma Universal. Les activités du groupe dans le domaine de l'environnement sont progressivement cédées, et deviennent l'actuel Veolia. Le groupe Bolloré prend le contrôle d'une partie du capital de Vivendi en 2012, et Vincent Bolloré devient président de son conseil de surveillance en 2014.

Vivendi détient notamment Canal+, et voit dans le rachat de Dailymotion un moyen de diffuser ses contenus sur la plateforme. Peu après le rachat,

Vivendi pousse l'entreprise à abandonner pour de bon son ambition de dépasser YouTube. Le nouveau président directeur général Maxime Saada restructure l'entreprise, ce qui aboutit au départ de la moitié de ses effectifs, dont le dirigeant historique Olivier Poitrey et 5 des 6 membres du comité exécutif. Vivendi cherche à générer des synergies, notamment *via* un accord avec l'autre filiale du groupe Universal Music, afin de faire de Dailymotion la plateforme de référence sur certains segments de marché. En parallèle, elle met l'accent sur une « stratégie player » qui consiste à offrir le lecteur de vidéo de Dailymotion aux médias pour qu'ils diffusent leur propre contenu sur leur site internet. Dailymotion continue de réaliser des pertes liées à l'érosion de ses revenus publicitaires et au déclin de sa plateforme de streaming vidéo[3], mais le player de l'entreprise est aujourd'hui utilisé par environ 70 % des médias français (*Le Monde*, Konbini, France Inter…).

Si Dailymotion n'a pas abandonné son ambition en matière de rentabilité, elle ne prétend plus devenir la plateforme de référence pour le streaming vidéo en France ou dans le monde. Le rachat par Vivendi signe la fin de la tentative française de développer une plateforme de streaming vidéo concurrente de celle de YouTube. Dailymotion aurait-elle pu devenir le YouTube français si l'État y avait mis les moyens nécessaires, ou était-ce un combat perdu d'avance ?

3. Vivendi déclarait en 2020 que « Nouvelles Initiatives », qui réunit Dailymotion et une autre filiale du groupe, chiffrait 65 millions d'euros de chiffre d'affaires, et un résultat opérationnel ajusté (EBITDA) qui traduit une perte de 75 millions d'euros.

Chapitre 5

La protection des entreprises stratégiques

Section 5.1 – Le contrôle des rachats étrangers en France

Les rachats étrangers d'entreprises stratégiques, un risque pour la souveraineté nationale

La Compagnie générale d'électricité (CGE), groupe industriel privé fondé en 1898 par deux ingénieurs, avait pour objectif de concurrencer les leaders internationaux de l'électrification comme Siemens ou General Electrics. Par des acquisitions successives, la CGE devient l'un des principaux conglomérats français, dont le développement est intimement lié à la stratégie industrielle de la France. Le groupe, initialement spécialisé dans les équipements électriques, se développe dans le domaine des transports et des télécommunications sous l'impulsion des plans quinquennaux des années 1960 et 1970. La CGE est nationalisée en 1982, puis privatisée en 1987. À son apogée, le groupe compte 220 000 salariés.

En 1991, la Compagnie générale d'électricité est renommée et devient Alcatel Alsthom. Quelques années plus tard, en 1998, l'entreprise est scindée en deux entre Alstom et Alcatel. D'un côté, Alsace-Thomson contracté en « Alstom » se spécialise sur les transports. De l'autre, l'Alsacienne de constructions atomiques, de télécommunications et d'électronique « Alcatel » se recentre sur les équipements de télécommunications. À la fin des années 1990, Alcatel est le numéro 1 mondial dans la technologie d'accès réseau large bande ADSL et maîtrise de nombreuses technologies critiques pour la souveraineté nationale, des câbles sous-marins aux téléphones et à l'infrastructure nécessaire pour le développement d'internet.

En avril 2006, Alcatel annonce sa fusion avec l'Américain Lucent Technologies. 40 % des actions de la nouvelle structure Alcatel-Lucent sont alors détenues par les actionnaires de Lucent. L'opération fait l'objet d'un examen de plus de 2 mois par les autorités américaines, qui acceptent la fusion mais demandent à ce que les contrats entre Lucent et les agences gouvernementales américaines soient exécutés par une filiale indépendante, LGS Innovations, qui est gérée par un conseil d'administration composé de citoyens américains agréés par le gouvernement fédéral.

Le groupe, jusqu'ici dirigé par le Français Serge Tchuruk, est alors co-géré par Tchuruk et par l'Américaine Patricia Russo. Le management est désormais franco-américain, et le centre de gravité du groupe a commencé à pivoter vers les États-Unis. Alcatel compte 58 000 collaborateurs fin 2005, dont 60 % sont localisés en Europe, avec 15 000 collaborateurs en France et 9 000 en Amérique du Nord. Après la fusion, le groupe Alcatel-Lucent compte 89 000 collaborateurs, dont 17 000 en France et 24 000 aux États-Unis. La part des effectifs basée en Europe est passée de 60 à 46 %.

Alcatel-Lucent s'engage dans une restructuration majeure visant à supprimer les postes devenus redondants suite à la fusion, et à recentrer le groupe sur ses activités les plus profitables du point de vue financier. Le groupe mène plan social sur plan social à partir de la fusion. 2 000 postes sont supprimés en France entre 2006 et 2009, Alcatel-Lucent annonce un plan social ciblant 1 500 personnes en France en octobre 2012, puis la suppression de 1 800 postes en France en 2013. Plusieurs sites industriels et centres de R&D situés en France sont fermés ou vendus.

Les vagues successives de licenciements ne suffisent pas à redresser la situation financière de l'entreprise, qui perd un total de 800 M€ entre 2003 et 2013. Fin 2012, le groupe est contraint de réaliser une émission obligataire importante. Pour emprunter 2 milliards d'euros, Alcatel-Lucent met en gage 29 000 brevets, dans des domaines d'importance stratégique, dont la valeur totale est estimée à 5 milliards d'euros.

Début 2016, l'ex-fleuron industriel français Alcatel-Lucent est racheté par le Finlandais Nokia. La fusion avec Lucent avait déjà fortement affaibli l'ancrage français d'Alcatel : en 2015, sur les 50 000 collaborateurs d'Alcatel-Lucent, 6 000 sont localisés en France et 17 000 en Europe. 60 % de l'effectif du groupe était localisé en Europe avant la fusion avec Lucent fin 2005, contre à peine un tiers en 2015 au moment de son rachat par Nokia.

Le rachat d'Alcatel par Nokia finit d'achever ce fleuron industriel français. En 2020, Alcatel-Lucent ne compte plus que 3 600 collaborateurs en France, et Nokia annonce un nouveau plan social pour supprimer 1 200 postes supplémentaires. Alors qu'Alcatel était en pointe sur le plan technologique et employait 40 000 personnes en France au milieu des années 2000, les rachats successifs ont fait pivoter le centre de gravité de l'entreprise vers les États-Unis puis vers la Finlande, privant la France de sa maîtrise de technologies clés pour nos réseaux de télécommunications. Le déclin du *leader* français des télécommunications s'est traduit par une dépendance quasi totale de la France aux technologies étrangères pour construire l'infrastructure nécessaire aux réseaux 5G, avec toutes les conséquences que cette dépendance implique en termes d'espionnage ou de vulnérabilité en cas de tensions diplomatiques avec la Chine ou les États-Unis.

Le CFIUS, dispositif américain de contrôle des investissements étrangers

Les rachats étrangers d'entreprises sensibles ont un impact concret sur la souveraineté nationale. Aux États-Unis, le président peut opposer un véto sur tout rachat étranger d'entreprise américaine susceptible d'impacter la sécurité nationale en vertu du *Defense Production Act*. Le *Committee of Foreign Investment in the United States* (CFIUS), constitué en 1975 par l'administration Ford, est chargé d'examiner les investissements étrangers susceptibles de représenter un danger pour la sécurité nationale. Les prérogatives du CFIUS et du président des États-Unis en la matière ont été progressivement élargies, par l'amendement Exon-Florio du *Trade and Competitiveness Act* (1988), l'amendement Byrd de 1992 qui a imposé une enquête pour tous les cas impliquant une entité liée à un gouvernement étranger, puis la *Foreign Investment and National Security Act* (FINSA) de 2007 qui a réformé le dispositif tout en élargissant son périmètre d'application.

Donald Trump a renforcé le dispositif en 2018, dans le contexte d'un développement des investissements chinois aux États-Unis et de tensions croissantes entre les deux puissances, par le biais du *Foreign Investment Risk Review Modernization Act* (FIRRMA) qui permet notamment d'appliquer cette législation aux investissements immobiliers et aux prises de participations minoritaires donnant accès à des informations confidentielles. Le FIRRMA permet également d'élargir l'application du contrôle des investissements étrangers aux sociétés qui maîtrisent des technologies critiques, par exemple dans les domaines de l'armement, de l'informatique, du nucléaire, des télécommunications ou de l'aéronautique.

Ce dispositif donne régulièrement lieu à des vétos du président des États-Unis, pour refuser les rachats qui représentent un risque pour la sécurité nationale comprise au sens large. Le président Obama a par exemple demandé le retrait de Huawei de son acquisition de l'entreprise technologique 3Leaf. La fréquence des refus a augmenté sous Donald Trump, dans le contexte d'un renforcement des tensions sino-américaines. Le président a notamment bloqué en 2017 l'acquisition de la société Lattice Semiconductor par un repreneur chinois, et l'OPA d'un acteur singapourien sur le groupe américain Qualcomm sur la base des recommandations du CFIUS. Donald Trump a même demandé à l'actionnaire chinois du site de rencontres Grindr de céder la plateforme en raison de la sensibilité des données stockées sur l'application (préférences sexuelles de diplomates américains, géolocalisation...). Fin 2021, l'administration Biden a refusé le rachat du fabricant de puces Magnachip Semiconductors par le fonds de *private equity* chinois Wise Road Capital. Ces refus, bien que très nombreux, ne semblent pas avoir nui à l'attractivité de l'économie américaine pour les investisseurs étrangers.

Nombre de dossiers traités par le CFIUS
Rapport annuel du CFIUS au Congrès, 2020

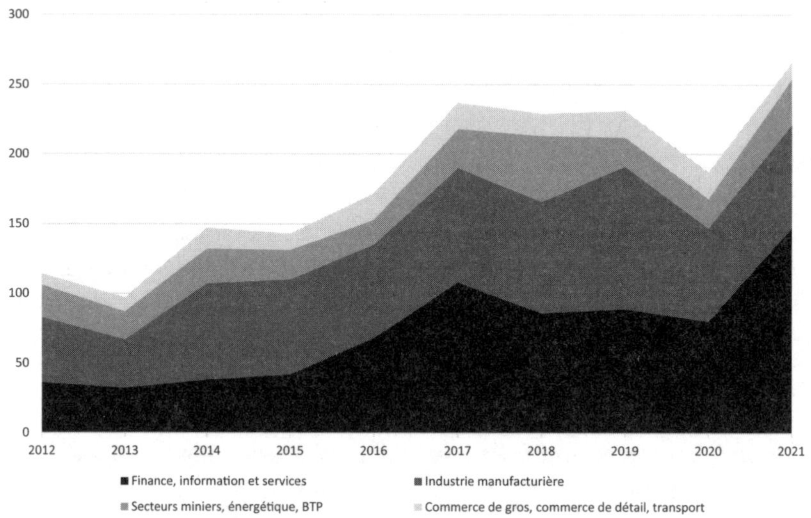

Source : https://home.treasury.gov/system/files/206/CFIUS-Public-AnnualReporttoCongressCY2021.pdf

Le dispositif de contrôle des investissements étrangers en France

Le cadre juridique du contrôle des investissements étrangers

Un dispositif similaire existe en France pour interdire les acquisitions étrangères d'entreprises stratégiques, ou pour les contrôler dans la mesure du possible. Ce dispositif a été mis en place en 2005, appliqué aux activités « régaliennes », et a été musclé par Arnaud Montebourg en 2014 puis par Bruno Le Maire début 2019.

En vertu de l'article L.151.3 du Code monétaire et financier, toute opération de rachat ou de prise de participation au capital d'entreprises stratégiques au-dessus du seuil de 25 % (et, temporairement, de 10 % pour les investissements extra-européens au capital d'entreprises cotées en bourse) est soumise à l'autorisation du ministre de l'Économie. Le ministre de l'Économie peut donc refuser certains rachats sur la base du caractère stratégique des entreprises concernées.

Alors que de nombreux fleurons stratégiques français sont passés sous contrôle étranger ces dernières années – le nombre de rachats d'entreprises sensibles justifiant une demande d'autorisation à la Direction Générale du Trésor a d'ailleurs connu une forte augmentation à la suite de la crise, de 216 en 2019 à 275 en 2020 –, ce décret n'a été utilisé que sur un nombre très limité de dossiers. Sur les centaines de demandes d'autorisation formulées par les repreneurs d'entreprises stratégiques françaises chaque année, seuls deux refus ont été rendus publics, pour Photonis et Carrefour.

Article L.151-3 du Code monétaire et financier

I. – Sont soumis à autorisation préalable du ministre chargé de l'économie les investissements étrangers dans une activité en France qui, même à titre occasionnel, participe à l'exercice de l'autorité publique ou relève de l'un des domaines suivants :

a) Activités de nature à porter atteinte à l'ordre public, à la sécurité publique ou aux intérêts de la défense nationale ;

b) Activités de recherche, de production ou de commercialisation d'armes, de munitions, de poudres et substances explosives.

Un décret en Conseil d'État définit la nature des activités ci-dessus et des investissements soumis à autorisation.

II. – L'autorisation donnée peut être assortie le cas échéant de conditions visant à assurer que l'investissement projeté ne portera pas atteinte aux intérêts nationaux visés au I.

Le décret mentionné au I précise la nature et les modalités de révision des conditions dont peut être assortie l'autorisation.

Le processus : autorisation sans condition, autorisation avec condition, refus

Si le refus d'un investissement est une condition relativement extrême, ce n'est pas la seule option disponible pour protéger les intérêts nationaux en cas de rachat d'une entreprise stratégique. L'opération peut être refusée, mais elle peut également être « autorisée sous conditions » par le ministre de l'Économie et des Finances. Cette option est utilisée de plus en plus fréquemment : en 2021, 67 investissements étrangers en France ont donné lieu à des autorisations avec conditions.

Concrètement, lorsqu'une opération représente un risque pour la souveraineté nationale, ce risque peut parfois être couvert par des engagements de l'acquéreur. Les opérations concernées ne pouvant pas être conclues sans l'autorisation écrite du ministre, l'État négocie avec le repreneur une lettre d'engagements, au cas par cas. Le repreneur peut par exemple s'engager à maintenir certaines lignes de production particulièrement sensibles de l'entreprise en France, à y conserver ses activités de recherche et développement, son siège social. Dans certains cas, si les activités sont particulièrement sensibles, l'État peut être amené à demander des engagements plus contraignants, par exemple sur la nationalité des dirigeants, le partage de certaines informations sensibles avec le futur actionnaire, ou même l'introduction d'un actionnaire minoritaire français pour contrebalancer l'influence du repreneur étranger dans le cadre de la gouvernance[1]. Ces conditions sont définies de manière proportionnée par rapport au risque qu'implique l'opération.

Investissements autorisés par le ministre de l'Économie et des Finances en 2021

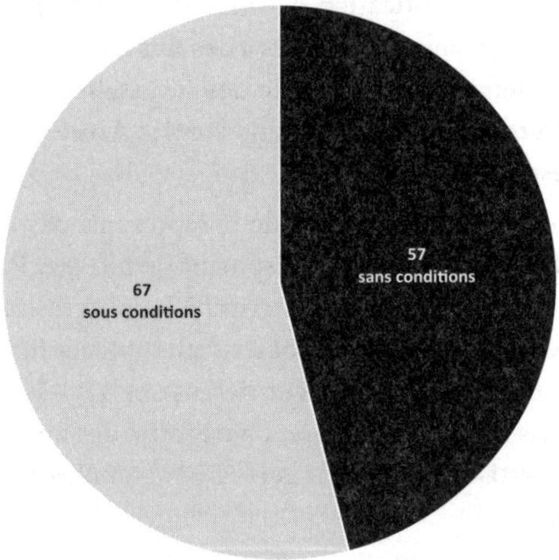

Source : https://www.tresor.economie.gouv.fr/Articles/9aa76183-24a8-49ba-9466-179c5b29f99c/files/47b9b032-3d2b-4779-8327-15d3400045ab

Des sanctions sont prévues pour les investisseurs qui ne tiennent pas les engagements pris lors du rachat d'une entreprise stratégique française. Grâce à la Loi Pacte, l'investisseur peut désormais être condamné à des sanctions financières significatives pouvant monter jusqu'à 10 % du chiffre d'affaires annuel de l'entreprise concernée s'il ne respecte pas les engagements pris vis-à-vis du ministre lors de l'acquisition. L'autorisation d'investissement peut même être retirée à l'investisseur, le forçant à restituer l'entreprise stratégique concernée à ses précédents actionnaires.

Procédure de contrôle des investissements étrangers en France

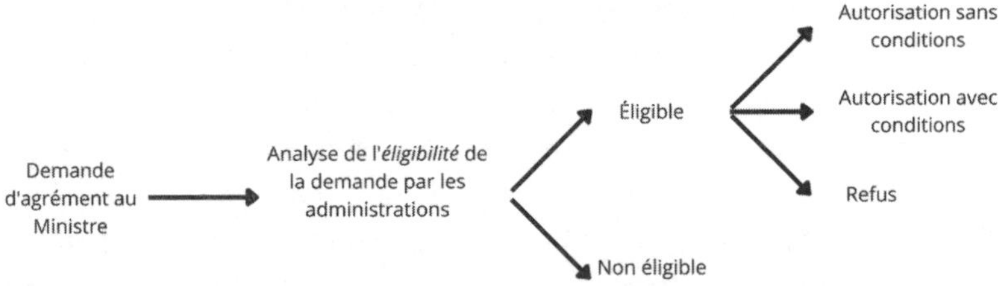

1. https://fusions-acquisitions.info/wp-content/uploads/2021/06/FA-315-130-133.pdf

Les secteurs éligibles au contrôle des investissements étrangers

Sont éligibles au contrôle des investissements étrangers les activités « *de nature à porter atteinte à l'ordre public, à la sécurité publique ou aux intérêts de la défense nationale* ». Cette définition est très large et précisée par l'article R.151-3 du Code monétaire et financier. Les activités « régaliennes » sont éligibles par défaut : la fabrication d'armes, de munitions, de biens à double usage (c'est-à-dire pouvant être utilisés à des fins civiles, mais aussi militaires) sont des activités éligibles au contrôle des investissements étrangers. Toute entreprise ayant un contrat avec le ministère des Armées, directement ou par sous-traitance, est également éligible.

Mais cette condition n'est pas la seule, et représente désormais une minorité des opérations faisant l'objet de ce dispositif de filtrage. Parmi les investissements jugés éligibles par le Comité interministériel des investissements étrangers en France (CIIEF) et ayant fait l'objet d'une autorisation d'investissement, 14 % seulement étaient liés au secteur défense et 43 % avaient une partie de leurs activités dans le secteur défense. La majorité des investissements soumis au filtrage des investissements étrangers (57 %) n'ont donc rien à voir avec la défense nationale.

Opérations jugées éligibles et faisant l'objet d'une autorisation d'investissement en 2021, par secteur

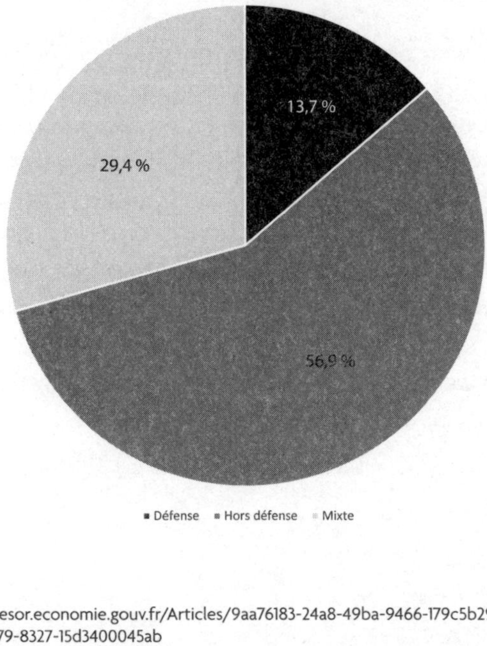

Source : https://www.tresor.economie.gouv.fr/Articles/9aa76183-24a8-49ba-9466-179c5b29f99c/files/47b9b032-3d2b-4779-8327-15d3400045ab

Si le contrôle des investissements étrangers en France était initialement dédié aux activités régaliennes, le dispositif a été élargi par Arnaud Montebourg en 2014 pour y ajouter les domaines de l'eau, de la santé, de l'énergie, des transports et des télécommunications, notamment afin de soumettre le rachat d'Alstom par General Electric à l'accord du ministre de l'Économie. Plus récemment, Bruno Le Maire a étendu début 2019 le dispositif aux entreprises qui maîtrisent des technologies critiques pour la souveraineté nationale.

Article R.151-3 du Code monétaire et financier

Les activités mentionnées au I de l'article L.151-3 sont les suivantes : [...]

II. – Activités de nature à porter atteinte aux intérêts de la défense nationale, participant à l'exercice de l'autorité publique ou de nature à porter atteinte à l'ordre public et à la sécurité publique, lorsqu'elles portent sur des **infrastructures, biens ou services essentiels** pour garantir :

1° L'intégrité, la sécurité ou la continuité de l'approvisionnement en énergie ;

2° L'intégrité, la sécurité ou la continuité de l'approvisionnement en eau ;

3° L'intégrité, la sécurité ou la continuité de l'exploitation des réseaux et des services de transport ; [...]

8° La protection de la santé publique ;

9° La production, la transformation ou la distribution de produits agricoles [...] ;

10° L'édition, l'impression ou la distribution des publications de presse d'information politique et générale. [...]

III. – Activités de nature à porter atteinte aux intérêts de la défense nationale, participant à l'exercice de l'autorité publique ou de nature à porter atteinte à l'ordre public et à la sécurité publique, lorsqu'elles sont destinées à être mises en œuvre dans l'une des activités mentionnées aux I ou II :

1° Les activités de recherche et développement portant sur des technologies critiques, dont la liste est définie par arrêté du ministre chargé de l'Économie ;

Arrêté du 31 décembre 2019
relatif aux investissements étrangers en France

Les technologies critiques mentionnées au 1° du III de l'article R.151-3 du Code monétaire et financier sont :

1° La cybersécurité ;

2° L'intelligence artificielle ;

3° La robotique ;

4° La fabrication additive ;

5° Les semi-conducteurs ;

6° Les technologies quantiques ;

7° Le stockage d'énergie.

Si des grands secteurs et une liste de technologies sont mentionnés dans le Code monétaire et financier, le rattachement à l'un d'eux ne suffit pas. Une instruction interministérielle est coordonnée par la Direction Générale du Trésor concernant chaque opération afin d'évaluer les risques associés pour « la défense nationale, l'ordre public et la sécurité publique » au regard de l'entreprise concernée et de l'identité de son acquéreur, et de définir une réponse proportionnée à ceux-ci. Un risque très important pour la sécurité nationale peut justifier un refus d'investissement, un risque modéré sera traité par le biais d'une lettre d'engagements protectrice. L'État assume ainsi une politique du « *smart shield* »[2] qui consiste à accepter et accompagner les investisseurs étrangers qui souhaitent racheter des boulangeries ou des hôtels, mais à réguler fermement les rachats étrangers d'entreprises stratégiques pour la souveraineté nationale.

Étude de cas, le rachat de Photonis par Teledyne

Photonis devient indépendant du groupe Philips en 1998, lorsque celui-ci décide de céder son site de Brives-la-Gaillarde à un fonds de private equity. À partir de cette date, le seul producteur français de lunettes de vision nocturne pour les forces armées croît très rapidement, et devient un groupe lorsqu'il rachète son concurrent Delft Electronic Products en 2005. Photonis fournit les lunettes de vision nocturne des forces spéciales françaises, britanniques et américaines, et développe des technologies que l'armée française utilise pour développer les nouvelles générations d'armes nucléaires.

Photonis connaît le destin d'une société détenue par un fonds de private equity : réaliser des acquisitions, réduire ses coûts, passer de fonds en fonds puis être vendue à un industriel ou introduite en bourse. L'entreprise est cédée par Barclays à Axa en 2001, vendue par Axa à Astorg en 2008, puis revendue par Astorg à Axa en 2011, à chaque fois avec une plus-value significative. Détenue depuis 2011 par le fonds de private equity d'Axa, renommé Ardian en 2013, Photonis connaît des années difficiles puis est restructurée afin de retrouver rentabilité et croissance du chiffre d'affaires fin 2018. En 2019, Ardian est décidée à vendre : le fonds est arrivé en fin de cycle et les marges restaurées du groupe devraient lui garantir une valorisation intéressante.

Un processus de cession est engagé et aucun Français ne se positionne, malgré les tentatives de l'État de structurer une offre de reprise autour des clients de Photonis Safran et Thalès. L'industriel américain Teledyne, proche du Department of Defense, propose à Ardian de racheter l'entreprise. L'État impose à Teledyne des conditions très contraignantes en cas de reprise afin de garantir son ancrage en France, et l'industriel américain retire son offre. Après quelques mois de négociations, il accepte

2. https://www.cairn.info/load_pdf.php?ID_ARTICLE=CONST_058_0043&download=1

finalement les conditions de l'État en contrepartie d'une baisse de 15 % de la valorisation de Photonis. Finalement, l'État décide de mettre son véto sur l'opération.

Après plusieurs mois, une alternative française est trouvée avec le fonds HLD qui rachète l'entreprise pour un prix près de 30 % plus bas que l'offre initiale de Teledyne. Si l'ancrage français de Photonis est sécurisé à court terme, l'opération n'apporte pas la garantie d'un ancrage français pérenne : l'entreprise reste détenue par un fonds de private equity qui devra la céder d'ici 5 à 10 ans pour rembourser ses investisseurs. Sans intervention publique, HLD pourrait se retrouver dans la même situation qu'Ardian le moment venu et, dans une logique de maximisation de sa plus-value, tenter à nouveau de céder Photonis à un industriel étranger.

Photonis, filiale de Philips passée sous le contrôle de fonds de private equity

Naissance du groupe Photonis, spécialiste français des intensificateurs de lumière

En 1937, la société néerlandaise d'électronique Philips ouvre une usine à Brives-la-Gaillarde, en Corrèze. Ce site de production devient une filiale du groupe en 1963, sous le nom d'Hyperelec. Elle est renommée RTC-Compelec en 1986, puis Philips Composants en 1990, et Philips Photonique en 1994. En 1998, le site de Brives-la-Gaillarde devient Photonis, et est racheté par le fonds de *private equity* de Barclays pour devenir indépendant du groupe Philips. Il est déjà à l'époque spécialisé dans le développement de technologies pour l'imagerie, notamment d'amplificateurs de lumière pour la vision nocturne.

L'entreprise passe en 2001 sous le contrôle du fonds de *private equity* d'Axa, Axa PE, dans le cadre d'une opération de LBO (*leveraged buy-out*). De sa création en 1998 à 2003, le chiffre d'affaires de Photonis double. Il est de 55 M€ en 2000, et de 74 M€ en 2003. Le groupe emploie 700 personnes sur son site de Brives, et devient le premier employeur privé de Corrèze. En 2004, les ventes du groupe baissent de 5 % pour atteindre 70 M€ notamment à la suite d'une baisse du dollar. Photonis doit atteindre la taille critique sur un marché en consolidation : début 2005, la pépite française annonce l'acquisition de son concurrent néerlandais Delft Electronic Products (DEP), qui emploie 143 personnes. Photonis devient un groupe leader des technologies de détection et d'intensification de bas niveaux de lumière, notamment pour la vision nocturne, la surveillance, le médical et les applications scientifiques.

Rachat par Astorg puis retour chez Axa PE, devenu Ardian

En 2008, Photonis est vendue par Axa au fonds Astorg pour environ 150 M€. L'entreprise compte environ 1 000 employés dont 550 dans le Limousin. Elle a désormais 5 sites de production, en France, aux États-Unis, aux Pays-Bas et au Mexique, réalise un chiffre d'affaires de 130 M€ et est l'unique fabricant européen de technologies d'intensification de lumière. Astorg double la capacité de production de Photonis et décide également de doubler les investissements réalisés par Photonis dans la recherche et développement.

En 2010, le chiffre d'affaires du groupe monte à 160 M€. L'entreprise est devenue très rentable et revendique 50 millions d'euros d'EBITDA. Axa décide de racheter Photonis pendant l'été 2011, 3 ans après l'avoir vendue à Astorg, pour un montant sensiblement plus élevé de 500 M€ incluant 250 M€ de dette. En prenant en compte l'endettement – les rachats d'entreprises par des fonds de *private equity* s'appuient souvent sur un emprunt conséquent, mais des investissements initiaux en fonds propres relativement limités – et les évolutions capitalistiques qui ont eu lieu pendant les 3 ans qu'Astorg a passé au capital de Photonis, le fonds de *private equity* aurait gagné près de 2,5 fois sa mise initiale en revendant Photonis à son propriétaire initial. En 2013, le fonds Axa Private Equity prend son indépendance et devient Ardian.

Le processus de cession

Photonis en 2019

L'ancêtre d'Ardian, Axa PE, a pris les rênes de Photonis en 2011. Le modèle des fonds de *private equity* consiste à racheter des entreprises en s'endettant, à les redresser pour améliorer leur valorisation financière et à les revendre après une durée de l'ordre de 5 à 10 ans. Photonis connaît des années difficiles après son rachat par Ardian, qui se soldent par une restructuration qui aboutit sur le départ d'une cinquantaine de salariés en 2018 pour restaurer la rentabilité de l'entreprise. Fin 2018, l'activité repart. Le marché de la vision nocturne et le marché des amplificateurs de lumière pour la recherche connaissent une forte croissance, et la PME française réalise un chiffre d'affaires de 140 M€. Photonis a restauré ses marges, et revendique une cinquantaine de millions d'euros d'EBITDA. C'est le bon moment pour vendre ; Ardian possède l'actif depuis 8 ans, et est arrivée en fin de cycle. Les performances financières de Photonis restaurées, le fonds d'investissement français doit céder l'entreprise pour rembourser les investisseurs dont il est chargé de gérer l'épargne.

Un processus de cession est engagé pour trouver un repreneur. En 2019, l'ex-filiale de Philips est devenue un *leader* mondial de la fabrication de tubes intensificateurs de lumière pour la défense, la recherche et l'aéronautique. Fournisseur clé de Safran et Thalès dans ce domaine, Photonis est le seul producteur français de lunettes de vision nocturne pour les armées, et commercialise ses produits aux forces spéciales françaises ainsi qu'à celles de nombreux pays de l'OTAN. 6 % du chiffre d'affaires de Photonis est réalisé auprès de l'armée française, mais l'essentiel des revenus de l'entreprise proviennent de partenariats avec des forces armées étrangères. L'entreprise est notamment fournisseur des lunettes de vision nocturne des forces spéciales britanniques, indiennes, israéliennes, et américaines.

Dans le domaine de la recherche, les produits de Photonis sont également assez sensibles. Ses amplificateurs de lumière sont utilisés dans le Laser Mégajoule du CEA, un des principaux outils du programme Simulation visant à assurer la pérennité de la dissuasion nucléaire française après l'arrêt des essais nucléaires. Photonis fabrique des instruments qui permettent de compter les neutrons pour contrôler la façon dont les réactions nucléaires se déroulent.

La recherche d'un repreneur français

Suite à l'annonce de la mise en vente de Photonis en septembre 2019, 17 députés de la Commission de la défense nationale et des forces armées – dont 12 députés LREM, mais également Bastien Lachaud de La France Insoumise et plusieurs députés du parti Les Républicains – écrivent une lettre au Premier ministre Édouard Philippe pour lui demander de faire prévaloir une « approche souveraine » dans le cadre de cette cession.

La Direction Générale de l'Armement sollicite les deux grands groupes français susceptibles de participer à une reprise de Photonis, Safran et Thalès, pour leur demander de racheter la PME corrézienne. Les deux groupes estiment qu'en rachetant un de leurs fournisseurs comme Photonis, ils empêcheraient l'entreprise de tisser des partenariats avec leurs concurrents afin d'accéder à certains marchés. Le rachat pourrait ainsi générer des « dyssynergies » ; si certaines acquisitions peuvent être créatrices de valeur, Safran et Thalès estiment qu'en rachetant Photonis, le chiffre d'affaires de la PME pourrait au contraire être fortement réduit par la résiliation de contrats clés avec leurs concurrents qui disposent d'une relation privilégiée avec les armées britanniques ou américaines. Un rachat est ainsi exclu, malgré l'insistance du gouvernement.

L'État cherche à favoriser une solution alternative, passant par exemple par la reprise de Photonis par un *pool* d'investisseurs dont feraient partie Safran et/ou Thalès, aux côtés de la Banque Publique d'Investissement (Bpifrance) et d'autres acteurs français. D'autres options envisageables ou envisagées par l'État sont listées par *La Tribune* : le soutien de Safran – comme minoritaire – à l'offre de reprise d'un autre investisseur, la mobilisation d'un fonds de *private equity* français comme PAI Partners, la mobilisation des fonds d'investissement du ministère des Armées (DéfInvest, Fonds Innovation Défense), ou même la nationalisation de cette entreprise dont l'expertise contribue à l'efficacité des forces spéciales françaises. L'industriel américain Teledyne entre en négociations exclusives avec Ardian pour racheter Photonis début février 2020, et propose à Ardian de racheter l'entreprise pour 510 millions d'euros.

Teledyne, un industriel proche de l'armée américaine

Teledyne est un industriel américain spécialisé dans l'ingénierie notamment dans le domaine des capteurs d'imagerie. Le groupe développe des produits pour des applications allant des capteurs pour les avions aux systèmes de communication pour les satellites et à l'électronique pour la défense. Partenaire privilégié du Department of Defense (DoD) américain avec lequel elle a de nombreux contrats, Teledyne a un chiffre d'affaires de 3 milliards de dollars en 2020. En 2016, Teledyne a racheté l'entreprise britannique E2V, spécialisée dans l'imagerie spatiale et les semi-conducteurs notamment pour l'industrie de la défense, d'un chiffre d'affaires de 200 millions de livres sterling.

Plus récemment, en janvier 2021, Teledyne a racheté le leader de la production de caméras thermiques Flir Systems pour 8 milliards de dollars. Au moment de l'acquisition, Flir réalisait 2 milliards d'euros de chiffre d'affaires, dont un tiers avec le gouvernement fédéral américain. Le rachat de Photonis aurait permis à Teledyne de renforcer Flir Systems pour concurrencer la filiale de Safran et Thalès Lynred, numéro 2 mondial du secteur de la vision infrarouge.

Le véto de l'État sur le rachat de Photonis par Teledyne

Des conditions contraignantes, puis un refus de l'opération

Teledyne dépose une offre de rachat sur Photonis, mais l'opération ne peut se concrétiser sans l'accord du ministre de l'Économie et des Finances. Selon l'article L.151-3 du Code monétaire et financier (CMF), « *sont soumis à autorisation préalable du ministre chargé de l'économie les investissements étrangers dans une activité en France qui, même à titre occasionnel, participe à l'exercice de l'autorité publique ou relève de l'un des domaines suivants : [...] activités de nature à porter atteinte [...] aux intérêts de la défense nationale* ».

En pratique, une demande d'autorisation est déposée par l'investisseur – ici, Teledyne – à la Direction Générale du Trésor. Les administrations concernées – ici, *a priori*, la Direction Générale des Entreprises (DGE) du ministère de l'Économie et la Direction Générale de l'Armement (DGA) du ministère des Armées – sont sollicitées afin de confirmer que l'opération est « éligible au contrôle des investissements étrangers en France (IEF) », c'est-à-dire qu'une autorisation du ministre est nécessaire en vertu de l'article L.151-3 du CMF. En fonction des contrats de l'entreprise avec l'armée française et d'une analyse fine prenant en compte ses parts de marché, les technologies qu'elle maîtrise, l'éventuelle situation de dépendance de certains de ses clients, les activités de Photonis sont jugées critiques pour les intérêts de la défense nationale et le ministère confirme que le rachat ne sera possible qu'avec l'accord de l'État. Début mars 2020, Bruno Le Maire indique informellement à Ardian et à Teledyne qu'il envisage de refuser l'opération.

Les négociations reprennent pourtant, Ardian prétendant qu'aucune offre alternative n'est sur la table. L'État et Teledyne cherchent à se mettre d'accord sur une *lettre d'engagements* protectrice, dans laquelle Teledyne donnerait à l'État des garanties concernant l'ancrage français de Photonis et le respect des intérêts nationaux. Pendant l'été 2020, un accord semble trouvé : l'État autorise la cession mais impose à Teledyne un certain nombre de conditions. Notamment, l'État impose une prise de participation minoritaire de la banque publique Bpifrance au capital de Photonis à hauteur de 10 %, et souhaite disposer d'un droit de véto sur la nomination des dirigeants et sur un certain nombre de décisions stratégiques.

Les conditions sont trop contraignantes et poussent Teledyne à retirer son offre. Fin octobre, Teledyne parvient à un accord avec Ardian pour revoir la valorisation de l'entreprise à la baisse, avec une décote de 15 % ramenant le prix de 510 M€ à 425 M€. Après réflexion, le gouvernement revient sur l'autorisation sous conditions formulée en septembre et annonce fin décembre que cette opération fera l'objet d'un véto, le cabinet du ministre des Armées estimant qu'il ne dispose « *pas [de] garanties suffisantes* » pour « *assurer la protection des actifs stratégiques* » de Photonis « *sur la durée* » au regard des « *engagements et des propositions qui ont été pris* » par Teledyne.

La solution HLD

Photonis a fait l'objet de 2 offres : une première proposition à 510 M€, puis, étant données les contraintes imposées par l'État dans le cadre du contrôle des investissements étrangers en France (IEF), une seconde offre à 425 M€. Après le refus, un nouveau processus de cession est engagé, mais aucun repreneur français ou européen ne se positionne sur ce type de valorisation étant donné l'endettement de l'entreprise et ses résultats.

Le fonds français HLD, de Jean-Bernard Lafonta, formule finalement une offre de reprise de Photonis pour une valorisation de 370 M€. Le fonds envisage de réaliser des acquisitions dans le domaine de la vision infra-rouge pour permettre à Photonis de développer son portefeuille de produits afin de doubler son chiffre d'affaires et ses résultats, avec une cible de 90 à 100 M€ contre 45 M€ au moment de l'acquisition.

HLD reste cependant un fonds de *private equity* comme Ardian, et envisage de céder ses participations au capital de Photonis d'ici 5 à 10 ans. L'État a clairement indiqué qu'une cession de Photonis à un acteur américain était exclue. Au moment où HLD devra céder l'entreprise, plusieurs options de sortie sont envisageables pour le fonds. Photonis pourrait rester dans le giron d'un autre fonds de *private equity*, remettant une pièce dans la machine pour 5 à 10 ans de plus. Elle pourrait alternativement être vendue à Safran ou Thalès, introduite en bourse, ou être vendue à un de ses concurrents européens. Lorsque HLD arrivera en fin de cycle et cédera à son tour l'entreprise, cette cession sera-t-elle compatible avec les intérêts stratégiques de l'État ? Quelles politiques peuvent être envisagées pour éviter de reproduire le même schéma qu'avec Ardian ?

Section 5.2 – Les menaces juridiques extraterritoriales

L'extraterritorialité du droit américain de lutte contre la corruption

Le Foreign Corruption Practices Act, une loi anticorruption « extraterritoriale »

Le 17 juin 1972, cinq cambrioleurs sont arrêtés par la police au siège du Parti Démocrate américain. Le *Washington Post* enquête et finit par lever le voile sur des pratiques illégales de grande ampleur menées par l'administration Nixon. Le scandale du *Watergate* pousse le Congrès à engager une procédure d'*impeachment* et le président des États-Unis est contraint de démissionner. Dans le cadre de l'affaire, des pratiques systématiques de corruption d'agents publics, d'hommes politiques et de partis politiques étrangers des entreprises américaines sont révélées. Plus de 400 entreprises sont concernées, et les paiements s'élèvent à plus de 300 millions de dollars. Pour rendre répréhensibles de telles pratiques, une loi est votée en 1977 afin de sanctionner la corruption d'agents publics étrangers par des entreprises américaines : le *Foreign Corruption Practices Act* (FCPA).

Cette loi est amendée en 1988 par l'*Omnibus Trade and Competitiveness Act*. Suite à cet amendement, une société peut être tenue responsable des agissements de ses mandataires ou entrepreneurs non seulement si le dirigeant de la société est au courant de leur conduite, mais également si la justice américaine estime qu'il aurait dû l'être n'eût été son aveuglement volontaire. Une entreprise qui missionne un consultant pour l'aider à obtenir un marché, et qui ne s'assure pas que celui-ci n'aura pas recours à des méthodes illégales, peut ainsi être tenue responsable même si elle n'a pas été mise au courant des actions de son partenaire commercial.

Les multinationales américaines craignent depuis l'origine que la législation ne leur permette pas de jouer à armes égales, puisque leurs concurrents étrangers peuvent continuer à utiliser la corruption pour obtenir des contrats. Suite à un long travail d'influence des entreprises américaines pour que cette législation soit appliquée le plus largement possible, le FCPA est amendé une deuxième fois en 1998 par le *International Antibribery and Fair Competition Act*. En 1977 et en 1978, le Congrès avait délibérément choisi de n'appliquer le FCPA qu'aux citoyens et entités américaines, et cette loi ne s'appliquait qu'aux Américains et aux entités étrangères rattachables à la juridiction américaine. Si la loi s'appliquait déjà à des entités étrangères lorsque les modalités des faits de corruption les rattachaient à une juridiction américaine (notamment si les faits de corruption passent par l'utilisation de moyens de communication ou de paiement américains) – par exemple, la SEC a poursuivi l'entreprise italienne

Montedison en 1996 car celle-ci se finançait sur les marchés financiers américains – l'application extraterritoriale du FCPA est étendue. Désormais, tout acte de corruption à l'étranger d'une entité considérée comme américaine (« all US persons ») est répréhensible, ainsi que les actes de corruption d'agents publics étrangers commis sur le sol américain par des citoyens et entreprises étrangers. Des entreprises étrangères peuvent être poursuivies pour des faits de corruption hors des États-Unis dès lors qu'elles sont considérées comme des « US persons ». En pratique, une entreprise peut être considérée comme américaine sur la base de liens ténus avec les États-Unis, par exemple l'existence d'une filiale américaine, l'utilisation du dollar pour une transaction, ou même le transit de courriels sur des serveurs basés aux États-Unis.

It shall also be unlawful for any issuer organized under the laws of the United States [...] or for ***any United States person*** *that is an officer, director, employee, or agent of such issuer or a stockholder thereof acting on behalf of such issuer, to corruptly do any act outside the United States in furtherance of an offer, payment, promise to pay, or authorization of the payment of any money, or offer, gift, promise to give, or authorization of the giving of anything of value to [foreign officials] for the purposes set forth therein, irrespective of whether such issuer or such officer, director, employee, agent, or stockholder makes use of the mails or any means or instrumentality of interstate commerce in furtherance of such offer, gift, payment, promise, or authorization.*

As used in this subsection, ***the term `United States person'*** *means a national of the United States [...] or any corporation, partnership, association, joint-stock company, business trust, unincorporated organization, or sole proprietorship organized under the laws of the United States or any State, territory, possession, or commonwealth of the United States, or any political subdivision thereof.*

Une loi anticorruption qui permet à l'administration américaine de déstabiliser les entreprises stratégiques européennes ?

À partir de 1998, le FCPA est utilisé de façon disproportionnée contre les entreprises étrangères. Parmi les 10 entreprises qui ont été condamnées aux amendes les plus importantes, seule l'une d'elle est américaine – Goldman Sachs, qui a conclu en 2020 un accord avec le *Department of Justice* et la *SEC* impliquant une amende de 3,3 milliards de dollars pour des faits de corruption vis-à-vis d'un fonds souverain malaisien –, 3 sont françaises (Alstom, Airbus et la Société Générale) et 7 européennes.

10 amendes les plus importantes au titre du FCPA

Année	Entreprise	Pays	Montant
2020	Goldman Sachs	États-Unis	3,3 Md$
2020	Airbus	**France / Pays-Bas**	2,09 Md$[3]
2018	Petrobras	Brésil	1,78 Md$
2019	Ericsson	**Suède**	1,06 Md$
2017	Telia Company AB	**Suède**	1,01 Md$
2019	MTS	Russie	850 M$
2008	Siemens	**Allemagne**	800 M$
2016	VimpelCom	**Pays-Bas**	795 M$
2014	Alstom	**France**	772 M$
2018	Société Générale	**France**	585 M$

Parmi les 26 entreprises qui ont été condamnées à des sanctions de plus de 100 M$ entre 2008 et 2018, 14 sont européennes et seulement 5 américaines. Les entreprises européennes représentent sur cette même période environ 60 % du montant total des amendes prononcées par le DoJ et la SEC. Certains prétendent que les lois extraterritoriales américaines sont délibérément utilisées à des fins de guerre économique, d'autres estiment que les entreprises européennes sont victimes de leur méconnaissance du droit américain qui explique qu'elles commettent plus souvent des actions répréhensibles vis-à-vis du FCPA, et qu'elles sont condamnées à de plus lourdes amendes.

L'extraterritorialité du droit américain, le Cloud Act et le FISA

Le FCPA donne lieu à des amendes significatives, mais il ne s'agit pas de la seule réglementation américaine à portée extraterritoriale. Par exemple, le Clarifying Lawful Overseas Use of Data Act (CLOUD Act) permet aux administrations américaines, sur autorisation du tribunal, d'exiger la communication de données hébergées par des acteurs américains stockées sur des serveurs informatiques situés hors des États-Unis, au nom de la protection de la sécurité publique aux États-Unis et de la lutte contre les crimes et le terrorisme. Dans le cadre de la lutte contre le terrorisme, la loi américaine FISA (Foreign Intelligence Surveillance Act) amendée par le Patriot Act permet au gouvernement américain d'accéder plus largement aux documents d'entreprises américaines, sans mandat de la part du tribunal.

3. Ce montant représente l'ensemble de l'amende au titre du FCPA, dont une partie a été reversée aux autorités françaises et britanniques. Le montant total de l'accord entre Airbus et les autorités françaises, britanniques et américaines s'élève à 3,6 Md€ / 4 Md$.

Liste des principales condamnations au titre du FCPA entre 2008 et 2018

N°	Entreprise	Pays	Année	Montant (en M$)
1	Siemens	Allemagne	2008	800
2	Alstom	France	2014	772
3	Telia	Suède	2017	691,6
4	KBR/Halliburton	États-Unis	2009	579
5	Teva Pharmaceutical	Israël	2016	519
6	OCH-ZIFF CXapital Mngt	États-Unis	2016	412
7	BAE	Royaume-Uni	2010	400
8	Total	France	2013	398,2
9	Vimpelcom	Pays-Bas	2016	397,5
10	Alcoa	États-Unis	2014	384
11	ENI/SNAMPROGETTI	Italie	2010	365
12	Technip	France	2010	338
13	Société Générale	France	2018	293
14	Panasonic	Japon	2018	280
15	JP Morgan Chase	États-Unis	2016	264
16	Odebrecht/Braskem	Brésil	2017	260
17	SBM Offshore	Pays-Bas	2017	238
18	JGC Coporation	Japon	2011	218,8
19	Embraer	Brésil	2016	205,5
20	Daimler	Allemagne	2010	185
21	Petrobras	Brésil	2018	170,6
22	Rolls-Royce	Royaume-Uni	2017	170
23	Weatherford	Suisse	2013	152,6
24	Alcatel	France	2010	138
25	Avon Products	États-Unis	2014	135
26	Keppel Offshoe & Marine	Singapour	2017	105

Source : Cabinet Ikarian.

De l'affaire Alstom à la loi Sapin 2

Le FCPA, arme économique ou dispositif efficace de lutte contre la corruption ?

Les entreprises européennes sont-elles plus corruptrices que leurs concurrentes américaines ? Ou le département de la justice américain applique-t-il le droit différemment selon la nationalité de l'entreprise concernée, poursuivant en priorité les entreprises étrangères surtout lorsque celles-ci sont en concurrence avec des groupes américains sur certains marchés clés ?

Le délit de corruption active d'agent public étranger n'est introduit dans le droit français qu'en 2000, à la suite d'une convention de 1997 de l'OCDE sur la lutte contre la corruption d'agents publics étrangers dans les transactions commerciales internationales, alors que le FCPA date de 1977. Avant 2000, les sommes versées aux agents publics locaux pour faciliter la signature d'un contrat étaient même déclarées à l'État et déduites de l'impôt sur les bénéfices. Pour ratifier la convention de l'OCDE en question, la France vote une loi statuant que « *les sommes versées ou les avantages octroyés au profit d'un agent public pour que cet agent agisse ou s'abstienne d'agir dans l'exécution de fonctions officielles, en vue d'obtenir ou conserver un marché ou un autre avantage indu dans des transactions commerciales internationales, ne sont pas admis en déduction des bénéfices soumis à l'impôt* ». Autant dire que jusqu'ici, la corruption d'agents publics étrangers était non seulement légale, mais également subventionnée. Dans certains pays, ces pots de vin peuvent être critiques à l'obtention d'un contrat, et les entreprises étrangères – y compris américaines – y avaient également recours, comme le démontrent les multiples poursuites au titre des lois anticorruption.

En tout état de cause, le FCPA permet au Department of Justice de poursuivre nos entreprises, ce qui conduit à les affaiblir et à les déstabiliser et peut avoir des conséquences sur la souveraineté et l'emploi. Après avoir accepté de payer des amendes significatives, le leader français de l'énergie et des transports Alstom a vendu sa branche énergie à General Electric, qui a entrepris de nombreux plans sociaux en France depuis. De même, le leader de l'ingénierie dans le domaine du pétrole et du gaz Technip a fusionné avec son concurrent américain FMC, avant de déplacer son siège social à Houston et de sortir du périmètre du groupe une partie de ses activités françaises. Les contentieux menés par le Department of Justice américain constituent un moyen d'affaiblir l'entreprise, en lui infligeant de fortes amendes qui se traduisent par une baisse de son cours de bourse. Ils forcent les entreprises concernées à transmettre des informations stratégiques – produits, fournisseurs clés, démarches commerciales… – à l'administration américaine, et pourraient également – selon l'analyse de certaines personnes impliquées, mais sans preuve tangible concernant l'existence de manœuvres concertées – constituer un moyen de pression pour forcer les dirigeants d'entreprises stratégiques françaises à céder leur société à un concurrent américain.

Quelles réponses réglementaires pour protéger nos entreprises ?

Pour remédier à ces risques, deux options s'offraient aux autorités françaises. La première consistait à établir un rapport de forces avec les États-Unis pour obtenir que ceux-ci cessent de poursuivre les sociétés françaises et européennes pour des faits réalisés hors de leur juridiction. La seconde – qui a été privilégiée à ce stade – consiste (i) à pousser les entreprises françaises à améliorer leurs méthodes de prévention de la corruption – par des politiques de *compliance* – et (ii) à mettre en place un dispositif symétrique à celui des Américains pour pouvoir récupérer l'initiative des poursuites lorsqu'il s'agit d'entreprises nationales.

La loi Sapin II « relative à la transparence, à la lutte contre la corruption et à la modernisation de la vie publique » a été promulguée fin 2016 pour répondre à ce double objectif. Une *Agence française anticorruption* est créée pour accompagner les entreprises dans la mise en place de programmes de prévention de la corruption. Toute entreprise de plus de 500 salariés et 100 M€ de chiffre d'affaires est désormais dans l'obligation d'appliquer 8 mesures préventives, notamment la réalisation d'une cartographie des risques, la mise en place d'un dispositif d'alertes internes, de sanctions disciplinaires et d'un dispositif de contrôle de conformité des comptes pour détecter d'éventuelles irrégularités.

Pour pouvoir juger en France des faits hier soumis au FCPA, la loi Sapin II rend les faits de corruption répréhensibles, non seulement s'ils sont commis sur le territoire français, mais également s'ils sont commis à l'étranger par des personnes ou entités françaises.

Article 21 de la loi Sapin II

Dans le cas où les infractions prévues aux articles 435-1 à 435-4 [corruption et trafic d'influence passif et actif] sont commises à l'étranger par un Français ou par une personne résidant habituellement ou exerçant tout ou partie de son activité économique sur le territoire français, la loi française est applicable en toutes circonstances.

Une entreprise condamnée pour corruption peut être exclue des marchés publics de certains pays. Pour y remédier, la loi Sapin II crée un nouvel outil pour les faits de corruption, trafic d'influence et blanchiment de fraude fiscale : la Convention Judiciaire d'Intérêt Public (CJIP) définie dans l'article L.41-1-2 du Code de procédure pénale. Ce dispositif permet au procureur de la République de proposer à une entreprise mise en cause pour l'un de ces délits de conclure une convention garantissant l'abandon des poursuites du parquet en échange d'une amende d'intérêt public et de la mise en place d'un programme de mise en conformité sous le contrôle de l'Agence française anticorruption. Les amendes infligées par l'AFA sont d'un montant supérieur aux amendes classiques, qui sont plafonnées pour ces délits au double du produit de l'infraction ou à 5 M€ dans le cadre d'une condamnation pénale. En comparaison, le montant de l'amende d'intérêt public d'une CJIP est proportionnel aux avantages tirés des faits de corruption, dans la limite de 30 % du chiffre d'affaires annuel moyen de l'entreprise sur les 3 années précédentes. Les 11 CJIP signées entre 2016 et mars 2021 ont apporté au Trésor public plus de 3 milliards d'euros.

L'instauration de ce mécanisme de « justice négociée » permet également des poursuites dans plusieurs États, avec une répartition de l'amende entre les États concernés en fonction de l'origine de l'entreprise et des faits constatés. L'entreprise est également incitée à coopérer avec le parquet, puisque la signature d'une convention judiciaire d'intérêt public a comme préalable la coopération pleine et entière de l'entreprise et sa capacité à révéler spontanément et dans un délai raisonnable les faits à la justice française. L'entreprise mène elle-même une enquête interne et révèle au parquet les éléments nécessaires pour évaluer l'étendue de l'infraction commise et ses auteurs.

Les effets de bord de la création des conventions judiciaires d'intérêt public

Si la convention judiciaire d'intérêt public permet d'apporter des réponses françaises à des délits qui auraient sinon été sanctionnés par les États-Unis à notre place, celle-ci connaît des applications plus larges, qui n'avaient a priori *pas été anticipées lors de la conception de l'outil. Par exemple, une CJIP a été conclue par LVMH fin 2021 pour l'affaire Squarcini (espionnage présumé de François Ruffin et des collaborateurs de son journal* Fakir*), dans le cadre de laquelle le groupe et ses dirigeants auraient pu être poursuivis pour trafic d'influence. Ces faits auraient pu faire l'objet d'une condamnation pénale lourde, que le groupe et ses dirigeants ont évité en réglant une amende de 10 M€ au Trésor public.*

Le dispositif américain de contrôle des exportations (ITAR et EAR)

Ce n'est pas la seule application extraterritoriale du droit des États-Unis. Tous les fabricants d'armement et d'autres produits stratégiques pouvant être utilisés à des fins militaires sont soumis aux réglementations ITAR et EAR qui leur imposent de recueillir l'autorisation des États-Unis en cas d'exportation, dès lors qu'une partie de leurs activités est réalisée sur le sol américain ou qu'ils font appel à des sous-traitants américains.

En France, les fabricants d'armement sont soumis à un contrôle strict par l'État. Tout contrat impliquant une exportation d'armement est soumis à l'obtention d'une *Licence d'exportation de matériel de guerre* délivrée par le Premier ministre pour chaque contrat, intra- ou extra-européen. Certains autres biens sont appelés « biens à double usage » et sont soumis à autorisation pour tout transfert hors de l'Union européenne. Pour certains, le transfert intra-communautaire est également réglementé. La liste des produits concernés par la réglementation des biens à double usage est spécifiée dans le règlement européen 2021/821 et comprend notamment les sonars, les hélicoptères, mais aussi les technologies clés de l'informatique quantique ou les technologies de chiffrement.

Aux États-Unis, une réglementation similaire existe pour réguler les exportations d'armement et de produits susceptibles d'être utilisés comme des armes, mais celle-ci est autrement plus stricte. Le gouvernement américain demande non seulement des licences pour l'exportation d'armement par des industriels américains, mais également lorsque l'exportation en question est réalisée par des industriels étrangers, basés à l'étranger, mais qui utilisent des composants américains. Un certain nombre de composants sont « classés ITAR », le *Department of State* américain exige des industriels qui utilisent le moindre de ces composants d'obtenir une autorisation pour exporter. Les exportateurs d'armement européens qui vendent à l'étranger avec des composants américains dans leurs produits doivent donc déposer des dossiers au *Department of State* américain pour obtenir un agrément, avec des délais parfois importants et des procédures d'audit potentiellement intrusives des autorités américaines.

Une autre réglementation, l'*Export Administration Regulations* (EAR), est plus large et permet aux États-Unis de contrôler l'exportation tant des biens à double usage que des biens nécessaires pour assurer le leadership technologique américain. La différence clé entre cette réglementation et celles de l'Union européenne réside dans le périmètre des activités qui y sont soumises. Il ne s'agit pas que d'armes mais également de l'exportation des technologies, dites *emerging* et *foundational*, que les Américains estiment critiques pour leur leadership technologique et militaire. Certaines technologies d'impression 3D font notamment partie de la liste, ainsi que les technologies d'analyse d'imagerie spatiale. Les règles de rattachement à la réglementation EAR, si elles sont plus souples que celles d'ITAR, conservent un périmètre très large. Les exportations sont régulées pour tous les acteurs, américains ou non, lorsque plus de 25 % de la valeur ajoutée totale de leurs produits est « américaine » (règle du *de minimis*). Pour certains pays sensibles, le seuil peut passer à 10 %.

Ce contrôle n'est pas théorique, les États-Unis interdisent ou contraignent régulièrement les exportations de leurs alliés grâce à ces réglementations. En 2018, les États-Unis ont par exemple bloqué l'exportation par l'industriel français MBDA de missiles de croisière Scalp pour les Rafale vendus à l'Égypte. Si l'exportation avait été approuvée et accompagnée par la France, un composant clé du missile était d'origine américaine et l'exportation nécessitait à ce titre une approbation du *Department of State*. Les motivations de la décision américaine n'ont pas été précisées, et les analystes mentionnent le souhait américain de permettre à Israël de conserver une supériorité militaire par rapport aux autres pays de la région, ou encore une manœuvre visant à privilégier des intérêts économiques américains au détriment de ceux de la France.

En tout état de cause, et indépendamment de la motivation qui a conduit à ce refus, le rattachement de certains produits stratégiques à ITAR ou EAR représente un déficit de souveraineté : un pays tiers peut imposer à la France ses décisions de politique commerciale. Bien que la France souhaite commercialiser des missiles Scalp à l'Égypte, comme le démontre l'autorisation d'exportation délivrée à MBDA par le Premier ministre, les États-Unis sont capables de dire non. Cela plaide pour une plus forte indépendance sur les industries stratégiques, sur toute la chaîne de valeur, d'autant plus que l'Europe n'est pas à l'abri d'un durcissement de ces réglementations.

Présentation des réglementations ITAR et EAR, SGDSN

Cadre législatif	***Export Administration Act* (1979)**	***Arms Export Control Act* (1976)**
Cadre règlementaire	***Export Administration Regulations***	***International Traffic in Arms Regulations***
Agence américaine en charge du contrôle	Bureau de l'information et de la sécurité (BIS), rattaché au département du Commerce.	Direction des contrôles du commerce de défense, rattaché au bureau des affaires politiques et militaires du département d'État.
Périmètre de contrôle	Les produits américains contrôlés au titre des *Export Administration Regulations (EAR)* sont listés dans la *Commerce Control List (CCL)*. Celle-ci inclut, sans s'y limiter exclusivement, les biens à double usage contrôlés au titre des régimes multilatéraux de contrôle des exportations. Depuis l'*Export Control Reform* de 2015, la *CCL* couvre également les matériels de guerre (séries 600) et les biens spatiaux (séries 515) jugés les moins sensibles.	Les matériels de guerre et matériels assimilés contrôlés sont regroupés dans l'*United States Munitions List (USML)*, à l'exception de certains biens jugés moins sensibles (séries 600 et 515, désormais listés au sein de la *CCL*). La réglementation *ITAR* s'applique à un produit classé *ITAR* au sein de l'*USML* ou à un produit d'origine américaine intégrant un composant ou sous-ensemble classé *ITAR*. Cette réglementation est également susceptible de s'appliquer à un produit d'origine non-américaine, dès lors qu'une entité américaine est impliquée dans l'opération d'exportation (par exemple : implication de personnels américains, transfert de données techniques qui transitent *via* des supports américains, maintien en condition opérationnelle).
Classement des biens soumis à contrôle	Un numéro de référence *(Export Classification Control Numbers – ECCN)* est attribué à chaque produit américain listé et spécifie les motifs pour lesquels celui-ci est contrôlé. Ces motifs de contrôle ne s'appliquent pas à toutes les destinations. La *Commerce Country Chart* indique pour chaque pays les motifs de contrôle justifiant le dépôt d'une demande de licence d'exportation auprès du département du Commerce[1].	L'*USML* est constituée de 21 catégories de biens allant des armes à feu et de l'électronique, aux navires de guerre et à la technologie des missiles, aux armes nucléaires et aux agents biologiques. Certains produits de l'*USML* sont identifiés comme des équipements militaires importants *(Significant Military Equipment - SME)* et sont plus étroitement contrôlés du fait de leur capacité militaire significative ou de leur caractère classifié.
Réexportation	La réexportation d'un bien américain est soumise à contrôle, au même titre que son exportation. Cette règle concerne également les biens contenant des composants américains, sauf si la valeur de ces composants américains au sein d'un ensemble est inférieure à un certain seuil (règle dite du « *de minimis* »)[2].	Toute exportation ou réexportation est limitée aux organismes et personnes américaines, sauf à obtenir une licence du département d'État ou de bénéficier d'une exemption spéciale[3]. Les biens classés *ITAR* ne sont pas éligibles à la règle dite du « *de minimis* ».
Exportations présumées (« *deemed exports* »)	La transmission de technologies ou de codes sources contrôlés au titre des *EAR* à des ressortissants étrangers sur le sol américain constitue une exportation, appelée « *deemed export* », et doit également faire l'objet d'une licence d'exportation[4].	La transmission de données techniques contrôlées au titre des *ITAR* à des ressortissants étrangers sur le sol américain constitue une exportation, appelée « *deemed export* », et doit également faire l'objet d'une licence d'exportation[5].

Source : http://www.sgdsn.gouv.fr/uploads/2021/01/guide-sensibilisation-controle-exportations-v2-num.pdf

La loi de blocage

Dans le cadre de contentieux aux États-Unis, le tribunal peut être amené à engager une procédure de « discovery » visant à collecter des preuves dans le cadre des poursuites. Il s'agit d'une véritable injonction de communiquer, pouvant porter sur des informations très éloignées du cadre du contentieux, et potentiellement sur des éléments stratégiques pour l'entreprise ou pour l'État. Pour y remédier, une loi datant de 1968 – appelée « Loi de blocage » – interdit la communication à des autorités publiques étrangères d'informations de nature (i) à porter atteinte à la souveraineté, à la sécurité, aux intérêts économiques essentiels de la France ou à l'ordre public (article 1) ou (ii) tendant à la constitution de preuves en vue de procédures judiciaires ou administratives étrangères (article 1 bis). En cas de demande, les entreprises concernées doivent informer l'État sans délai (article 2). Si elles livrent de telles informations, y compris dans le cadre d'un contentieux, elles peuvent être condamnées à 6 mois d'emprisonnement ou à une amende de 18 000 €.

Loi de blocage de 1968

Article 1 : Sous réserve des traités ou accords internationaux, il est interdit à toute personne physique de nationalité française ou résidant habituellement sur le territoire français et à tout dirigeant, représentant, agent ou préposé d'une personne morale y ayant son siège ou un établissement de communiquer par écrit, oralement ou sous toute autre forme, en quelque lieu que ce soit, à des autorités publiques étrangères, les documents ou les renseignements d'ordre économique, commercial, industriel, financier ou technique **dont la communication est de nature à porter atteinte à la souveraineté, à la sécurité, aux intérêts économiques essentiels de la France ou à l'ordre public**, précisés par l'autorité administrative en tant que de besoin.

Article 1 bis : Sous réserve des traités ou accords internationaux et des lois et règlements en vigueur, il est interdit à toute personne de demander, de rechercher ou de communiquer, par écrit, oralement ou sous toute autre forme, des documents ou renseignements d'ordre économique, commercial, industriel, financier ou technique **tendant à la constitution de preuves en vue de procédures judiciaires ou administratives étrangères** ou dans le cadre de celles-ci.

Concrètement, une entreprise ciblée par une procédure de *discovery* peut expliquer au tribunal américain qu'elle n'est pas en mesure de communiquer tout ou partie des pièces demandées, car celles-ci sont de nature à porter atteinte aux intérêts économiques fondamentaux, à la souveraineté ou à la sécurité de la France. En pratique, les entreprises françaises font régulièrement valoir la loi de blocage pour éviter de transmettre certaines informations sensibles à la justice américaine, mais le tribunal américain peut décliner et maintenir sa demande. Celui-ci s'appuie notamment sur (i) le caractère large des critères de la loi de blocage, (ii) la faiblesse des peines encourues et le fait que les tribunaux français poursuivent rarement des entreprises en raison de leurs enfreintes à la loi de blocage, et (iii) sur la difficulté que représenterait l'obtention des preuves dans le cadre de dispositifs de coopération internationale (convention de La Haye). L'entreprise française jugée en juridiction américaine a alors le choix entre livrer des documents pouvant porter atteinte à la sécurité et à la souveraineté de la France, et risquer une condamnation plus lourde pour ce que le tribunal estimera être un manque de coopération.

Si son application est régulièrement rejetée par les juridictions américaines, la loi de blocage française est de plus en plus efficace et reconnue, et a notamment été invoquée par le Parquet national financier dans l'affaire Airbus et permis d'éviter la communication d'informations sensibles pour la France aux autorités américaines et britanniques. Le rapport Gauvain publié en juin 2019 recommandait une réforme de cette loi par l'augmentation du montant des amendes prévues, mais également par la mise en place d'un mécanisme obligatoire d'information de l'administration en cas de demande de communication d'informations potentiellement sensibles, et d'un accompagnement dédié des entreprises stratégiques françaises faisant l'objet de contentieux à l'étranger.

Étude de cas, le dossier Airbus

En 2010, le Department of Justice américain engage une enquête vis-à-vis d'Alstom pour des affaires de corruption dans plusieurs pays étrangers comme l'Indonésie, l'Arabie Saoudite, l'Égypte et les Bahamas. Fin 2014, Alstom plaide coupable et signe un « deferred prosecution agreement » dans lequel l'entreprise s'engage à payer 772 millions de dollars à la justice américaine. Entre-temps, le groupe Alstom a été contraint de céder 70 % de ses activités à l'Américain General Electrics.

Suite aux importantes amendes imposées à des groupes français par la justice américaine pour des faits produits hors des États-Unis – une application « extraterritoriale » du droit américain –, le gouvernement français met en place dans le cadre de la loi Sapin II un dispositif visant à limiter les effets déstabilisateurs de lois comme celle pour laquelle Alstom a dû plaider coupable, le Foreign Corruption Practices Act. Les grandes entreprises françaises se voient imposer d'importantes contraintes pour limiter les possibilités de corruption, y compris à l'étranger. Elles peuvent signaler à l'Agence française anticorruption les potentiels faits de corruption identifiés au sein de leurs filiales, et négocier avec le parquet une convention judiciaire d'intérêt public dans le cadre de laquelle elles versent une amende à l'État pour éviter des poursuites pénales.

Deux ans après cette réforme, Airbus identifie des irrégularités dans plusieurs contrats avec des compagnies aériennes et gouvernements étrangers. Le groupe coopère avec les autorités judiciaires des principaux pays intéressés, et engage rapidement des discussions avec les justices française, américaine et britannique. En janvier 2020, un accord est trouvé entre ces trois pays. Si le groupe est condamné à une lourde amende de 3,6 milliards d'euros sanctionnant des faits de corruption lourds dans de multiples pays, le montant est partagé entre la France qui perçoit 2,08 milliards d'euros, la Grande-Bretagne 984 millions d'euros et les États-Unis qui en perçoivent 535 millions notamment au titre d'infractions à la réglementation ITAR. Si Airbus, coupable de délits graves, n'a pas échappé à une amende, la France a récupéré l'initiative des poursuites, limitant les risques de déstabilisation du leader européen de l'aviation civile au profit de son concurrent Boeing.

Les pratiques de corruption du groupe Airbus

Début 2018, l'avionneur Airbus découvre des irrégularités sur certains contrats à l'étranger, notamment des omissions et inexactitudes concernant le rôle et l'identité d'intermédiaires qui ont permis au groupe de signer certains contrats, notamment en Asie et au Moyen-Orient, entre 2008 et 2013. Airbus cesse immédiatement d'avoir recours aux intermédiaires concernés, met en place des politiques de *compliance* et coopère rapidement avec les autorités gouvernementales des pays concernés, estimant que les États-Unis finiront tôt ou tard par découvrir les faits et imposer au groupe une lourde amende.

À la suite d'une enquête interne, des enquêtes sont engagées par la justice des principaux pays concernés. Le Serious Fraud Office britannique engage une enquête dès juillet 2016, suivi l'année suivante par le parquet national financier français. Les États-Unis engagent également une enquête, pour infraction au FCPA mais également pour des « inexactitudes » dans les déclarations qu'Airbus avait faites à l'administration américaine dans le cadre de la procédure d'agrément pour les exportations d'armes soumises à la réglementation ITAR.

Outre les inexactitudes relevées par les États-Unis dans les déclarations ITAR de l'entreprise, Airbus a révélé aux administrations française, britannique et américaine les faits de corruption suivants :

- En 2007, Airbus a vendu à **Air Arabia** 34 avions A320. Un dirigeant d'Airbus Middle East aurait pris « l'engagement » de verser une rémunération occulte à un dirigeant d'Air Arabia en contrepartie des contrats. Trois projets ont été envisagés pour honorer cet engagement, notamment le rachat par Airbus d'une société appartenant à ce dirigeant, l'achat de biens immobiliers ou le recrutement d'un employé fictif pour transférer au dirigeant concerné 14 M$. La vigilance d'autres départements du groupe Airbus a permis d'empêcher que le versement de ce pot de vin ne soit effectivement réalisé.
- Airbus a accepté de contribuer financièrement au *China Aviation Cooperation Fund* (CACF) à partir de 2011, pour un montant total de 24,2 millions de dollars entre 2012 et 2017. Cet organisme visant à financer des projets de coopération avec l'industrie aéronautique chinoise (tels que des formations à destination des pilotes) aurait été utilisé pour financer des séminaires de loisirs auxquels étaient invités des agents publics chinois en parallèle de négociations entre le groupe et l'État chinois concernant la vente d'avions aux compagnies aériennes nationales. Airbus aurait également réalisé un paiement de 10,3 M€ destiné, par le biais de multiples sociétés visant à dissimuler la provenance des fonds, à des fonctionnaires chinois.

- Airbus aurait également engagé un intermédiaire proche de cadres dirigeants de **China Airlines**, afin d'obtenir des informations confidentielles concernant des négociations en cours.
- Le groupe s'est également engagé à payer 15 M€ à un ancien cadre dirigeant de **Korean Air**, qui a joué un rôle très actif dans plusieurs acquisitions d'avions fabriqués par le groupe. Airbus aurait notamment acheté des actions, à hauteur de 10 M$, d'une entreprise détenue par le fils de la personne en question, et aurait investi 6 M$ dans des projets de recherche portés par celui-ci.
- D'autres pratiques de corruption du groupe ont été révélées par l'enquête, vis-à-vis de **Nepal Airlines, Russian Satellites Communications Company** (RSSC), **Arabsat** et la compagnie aérienne colombienne **Avianca.**

Les accords passés entre Airbus et les justices française, britannique et américaine

Le groupe Airbus annonce en janvier 2020 qu'un accord a été trouvé entre le parquet national financier (PNF) français, le Serious Fraud Office (SFO) britannique et le Department of Justice (DoJ) américain concernant les pénalités. Le groupe accepte de payer un total de 3,6 milliards d'euros aux autorités françaises, britanniques et américaines, dont 2,08 milliards d'euros à la France, 984 millions d'euros à la Grande-Bretagne et 535 millions d'euros aux États-Unis (répartis entre le DoJ, qui perçoit 526 M€, et le Département d'État qui perçoit 9 M€). Sur cette somme, 233 M$ sont liés aux poursuites au titre de la réglementation ITAR.

L'amende du groupe en France est calculée de la façon suivante dans le cadre de la Convention judiciaire d'intérêt public :

- Le profit du groupe lié aux contrats obtenus grâce à des pratiques de corruption d'agents publics est estimé à 1,053 milliard d'euros.
- Le caractère répété des pratiques et l'utilisation des moyens du groupe pour les dissimuler sont retenus comme « facteurs majorants », et conduisent le parquet à demander une amende d'intérêt public égale à 275 % du montant des profits illicites.
- La coopération exemplaire de groupe et la mise en place de mesures de conformité visant à éviter que les faits se reproduisent sont retenues comme des facteurs majorants et justifient une réduction de 50 % du montant de la pénalité complémentaire.
- Le retraitement de certaines charges conduit à une amende d'intérêt public d'un montant total de 2,08 milliards d'euros, en complément des amendes américaines et britanniques.

La répartition du montant de l'amende, qui conduit à ce que 58 % de celle-ci soit réglée à la France et 27 % à la Grande-Bretagne, est politique et se base à la fois sur l'ancrage d'Airbus dans ces différents pays et sur l'implication des parquets des États concernés. Les États-Unis reconnaissant que « *the Company is neither a U.S. issuer* [une entreprise cotée aux États-Unis] *nor a domestic concern, and the territorial jurisdiction over the corrupt conduct is limited* ». Fin 2019, 49 000 (36 %) des 135 000 salariés d'Airbus étaient en effet basés en France, et 11 000 au Royaume-Uni (8 %), contre seulement 3 000 aux États-Unis. Saluant la volonté de la France et de la Grande-Bretagne à sanctionner les actions d'Airbus, ils acceptent de ne condamner le groupe qu'à une amende minime par rapport au montant global.

Quel bilan ?

Grâce à la loi Sapin II, la France a récupéré l'initiative des poursuites sur le dossier Airbus. L'entreprise a été condamnée – lourdement, pour des faits qui le justifient – mais a payé l'essentiel de son amende à la France, le groupe a été accompagné par l'AFA qui participait à l'équipe commune d'enquête avec les Britanniques et les Américains. La loi de blocage a été invoquée pour permettre à Airbus d'éviter de transmettre des informations qui peuvent être sensibles pour la sécurité nationale, la souveraineté ou les intérêts économiques fondamentaux de la France aux parquets britannique et américain, tout en garantissant que celles-ci sont prises en compte dans le cadre de l'enquête. La condamnation d'Airbus marque un succès pour la France, qui est contrainte de sanctionner les pratiques corruptrices de ses multinationales mais récupère l'initiative des poursuites et la capacité de protéger ses entreprises stratégiques des risques de déstabilisation associés à des poursuites judiciaires à l'étranger.

La loi Sapin II a également permis de construire un cercle vertueux en imposant à nos entreprises des pratiques de prévention de la corruption qui permettent de limiter les risques de contentieux extraterritorial tout en favorisant le respect de bonnes pratiques dans le cadre de leur développement international. En revanche, elle n'aura à ce stade pas permis de construire une réciprocité en appliquant aux entreprises américaines les mêmes types de poursuites que celles qui étaient menées jusqu'ici à l'encontre de nos entreprises par le Department of Justice. Une harmonisation européenne des dispositifs de lutte contre la corruption pourrait être envisagée afin d'engager sur ce terrain un rapport de forces, et d'harmoniser les dispositifs de *compliance* qui s'appliquent aux entreprises multinationales européennes.

Perspectives

L'industrie française s'est effondrée depuis le début des années 1970, sous l'impulsion de politiques de promotion du libre-échange. Avec son industrie, la France a perdu la capacité de réaliser elle-même un certain nombre d'activités stratégiques pour la souveraineté nationale. Les conséquences concrètes de cette dépendance industrielle ont été révélées pendant la crise du covid-19 : quand la Chine ou les États-Unis priorisent leurs besoins nationaux, les Français font face à des ruptures de stock.

La France et l'Europe doivent maîtriser à nouveau les maillons les plus importants de la chaîne de valeur de l'énergie, de l'armement, de la santé, et des autres biens et services essentiels pour subvenir à nos besoins et pour faire face aux futures crises. Des enseignements doivent être tirés des affaires Alstom ou Alcatel pour éviter de reproduire les schémas qui ont conduit au déclin de nos fleurons industriels ces vingt dernières années. Nos industries stratégiques doivent être protégées contre les risques associés aux rachats par des grands groupes étrangers, aux délocalisations et aux démarches prédatrices de concurrents internationaux.

Si des efforts historiques ont été engagés depuis la crise du covid-19 pour reconstruire des capacités industrielles souveraines, le contexte international pourrait fragiliser cette nouvelle dynamique de réindustrialisation de la France et de l'Europe. La guerre russo-ukrainienne pourrait impliquer une hausse durable du coût de l'énergie en Europe qui aura nécessairement des conséquences industrielles. Les premières vagues de délocalisations qui ont frappé notre pays ont débuté à la suite de la crise pétrolière des années 1970 qui avait fortement affecté les marges des entreprises industrielles, et s'était traduite par de nombreuses fermetures d'usines. Sur les secteurs les plus exposés au prix de l'énergie, de premiers sites de production commencent déjà fin 2022 à remettre en cause leurs activités rendues déficitaires par la hausse du coût de l'approvisionnement en gaz. S'il faut reconnaître qu'un soutien sans précédent a été engagé depuis 2020 pour reconstruire notre tissu industriel, la crise russo-ukrainienne rend nécessaire un redoublement des efforts de l'État pour permettre aux industriels de continuer à investir malgré le contexte énergétique.

Au même moment, les États-Unis accentuent leur tournant protectionniste au détriment des intérêts européens. Après les premières initiatives visant à revaloriser les droits de douanes à l'encontre des importations chinoises engagées par le président Donald Trump, l'administration Biden a persévéré en promulguant en août 2022 une loi sur la réduction de l'inflation (*Inflation Reduction Act*) qui consacre près de 400 milliards de dollars d'investissement public dans les industries clés pour lutter contre le réchauffement climatique, et met en place des restrictions pour cibler les nouvelles aides publiques sur les produits fabriqués sur le sol américain. Pour de nombreux industriels qui envisageaient des projets d'investissement en Europe, l'*Inflation Reduction Act* rebat les cartes. L'entreprise suédoise Northvolt a indiqué fin 2022 que le coût de l'énergie et les nouvelles aides publiques annoncées par Joe Biden remettaient en cause son projet d'usine de batteries en Allemagne, et la filiale de Volkswagen PowerCo a indiqué qu'elle envisageait d'ouvrir une nouvelle usine de batteries au Canada pour être éligible aux subventions américaines à l'achat de véhicules électriques.

Après un demi-siècle de développement effréné du commerce international, la crise sanitaire a suscité une prise de conscience du caractère indispensable de la fabrication nationale de certains produits clés, et des efforts ont été engagés pour renforcer l'indépendance de la France par de premières relocalisations d'envergure et par la défense des secteurs les plus critiques de notre économie. Face à une nouvelle crise énergétique et au tournant protectionniste américain, la France devra redoubler d'efforts pour parvenir à restaurer dans la durée sa souveraineté industrielle.

Le Général de Gaulle, pour le 16e anniversaire de la victoire de 1945 et dans le contexte de la conception du 4e plan, indiquait qu'il souhaitait que la constitution d'un plan de développement national orientant l'activité de la nation devienne la grande affaire et l'ambition capitale de la France, et représente une *ardente obligation* pour tous les Français. Abandonnée depuis 1992, la reconstruction d'une démarche planificatrice sur le modèle gaulliste est plus que jamais nécessaire pour que la France se donne les moyens de reconstruire la base industrielle solide qui sera la meilleure garantie de sa souveraineté et de son indépendance.

Achevé d'imprimer en mars 2023
sur les presses de la Nouvelle Imprimerie Laballery
58500 Clamecy
Dépôt légal : mars 2023
Numéro d'impression : 303095

Imprimé en France

La Nouvelle Imprimerie Laballery est titulaire de la marque Imprim'Vert®